Xinwenxue Gailun Kecheng Daoxue

新闻学概论
课程导学

高　群/主　编
段宗明/副主编

合肥工業大學出版社

目　　录

绪　论

一、重要概念阐释

1. 新闻学

新闻学有狭义和广义之分。狭义的新闻学是指理论新闻学，也叫新闻理论，是研究新闻传播活动、新闻事业以及新闻工作规律的科学。广义的新闻学是指新闻学科体系，包括理论新闻学、历史新闻学和应用新闻学三个组成部分。

2. 新闻理论

新闻理论着重研究新闻与新闻传播活动、新闻事业产生和发展的原理，从宏观的角度阐释新闻、舆论、宣传、新闻出版自由等基本理念，研究新闻事业与社会生活诸方面的关系，研究新闻工作的基本原则以及新闻事业的管理和新闻队伍的建设等本质性的问题，它在新闻学学科体系中起统领作用。

3. 马克思主义新闻观

马克思主义新闻观是马克思主义政党在革命、建设和改革时期指导新闻实践的过程中形成和发展起来的，主要包括马克思、恩格斯、列宁的新闻思想，毛泽东新闻思想和中国特色社会主义新闻理论。

二、文选

马克思主义新闻观作为马克思主义在新闻活动领域的体现，具有鲜明的马克思主义理论品质。恩格斯在马克思墓前的讲话中曾经指出马克思的两大理论发现：一是唯物史观，人类历史发展的规律；另一个是剩余价值，现代资本主义生产方式和它所产生的资产阶级社会的特殊的运动规律。这两大发现，使得马克思不仅是革命家，也成为科学家。在马克思主义指导下认识新闻活动，要从理论层面来把握当代新闻活动的最新变化，构建具有说服力、解释力的新闻学理论体系。

以马克思主义的立场、观点、方法来分析新闻活动的基本规律，是构建中国特色新闻学理论体系的基本原则。马克思主义占据道义制高点，是为了打碎全世界无产者身上的锁链，摆脱资本对劳动的剥削，解放全人类。因此，中国特色新闻学的研究要坚持以人民为中心的研究导向，要为了绝大多数人而不是少数人开展研究。这种研究导向的差别是有鲜明差异的，前者要求研究基于新闻更好地服务人民、引导人民来探寻新问题、发现新规律，后者则会替少数权力者控制舆论、获取少数人利益来寻找工具和手段。事实上，西方新闻学、传播学服务冷战体系中的资本主义国家利益、服务政治大选中的垄断资产阶级利益的导向就非常鲜明，这成为资本控制社会的有效手段，也在一定程度上导致当代国际传播体系的不平衡，成为少数强势国家控制国际传播秩序的依据和力量。

马克思主义占据真理制高点，给新闻学研究提供了基本的世界观、方法论。因此，中国特色新闻学研究要坚持马克思主义认识世界的方法的先进性，将新闻活动作为主观世界对客观世界的能动的、辩证的认识过程，认清新闻生产是基于事实的意义生产过程，掌握“真实是新闻的生命、价值是新闻的灵魂”的基本规律。只有从理论根基上避免唯心主义、客观主义的认识论，才能超越专业主义、商业主义、技术主义的新闻观。

坚持马克思主义指导，是构建中国特色哲学社会科学区别于其他哲学社会科学的根本标志。作为马克思主义中国化的最新成果，习近平新时代中国特色社会主义思想在坚持马克思主义和发展马克思主义的统一中做出了表率，在返本开新中坚持马克思主义真理，以中国事业为中心提出了一系列具有原创性的马克思主义新思想新观点，其中包含大量运用马克思主义认识新闻活动的理论成果，成为在新时代构建中国特色新闻学要遵循的方向和方法。

——摘自：胡钰《马克思主义新闻观与中国特色新闻学构建》，《新闻战线》，2018 年第 9 期（有删改）

在习近平总书记的十九大报告中，列为第一方略的是坚持党对一切工作的领导。对于党必须对一切工作实行领导的必要性和重要性的认识，以及在实践中如何坚持党对一切工作的领导，我们既积累了许多经验，也有沉重而痛苦的教训。在学习党的十九大文件和习近平总书记政治报告中，要把这种总结、反省、反思作为一门专门课程认真学好。习近平总书记要求我们增强政治意识、大局意识、核心意识、看齐意识，自觉维护党中央权威和集中统一领导，自觉从思想上政治上行动上同党中央保持高度一致。作为新闻工作者和新闻舆论研究工作者，有责任对此进行调研总结，将这方面的认识、经验和方法，从理论同实践的结合上下功夫，进行梳理和研究，并公之于媒体，以求推广和传播。

坚持和发展中国特色社会主义方略之二是坚持以人民为中心。习近平总书记要求，必须坚持人民主体地位，坚持立党为公、执政为民，践行全心全意为人民服务的根本宗旨，把党的群众路线贯彻到治国理政全部活动之中，把人民对美好生活的向往作为奋斗目标，全心全意依靠人民创造历史伟业。方略之五是坚持人民当家做主，方略之八是坚持在发展中保障和改善民生，这两个方略都同方略二直接相关，是“以人民为中心”方略的有力保障和具体落实。

坚持党对一切工作的领导和坚持以人民为中心的两条方略，在中国应该是新闻舆论工作的生命线。削弱、松懈党对新闻事业、新闻舆论工作的领导，脱离、无视人民群众在新闻事业、新闻舆论工作中的主人、主角地位，新闻事业和新闻舆论工作就会失去根基、主心骨、政治方向和依靠力量。坚持党媒姓党、一切媒体自觉坚持党的领导，是中国全部新闻舆论传媒的根本属性的要求，是多年来新闻舆论工作无数经验教训所证明其正确无误的基本方针。我们的经验和教训又强调，接受和加强党对新闻事业和新闻舆论工作的领导，必须自觉改进和完善党的领导。习近平新时代中国特色社会主义思想蕴含着这方面的丰富内容和科学观点，2016 年谈到党的新闻舆论工作时，习近平总书记又将其列为新闻界全面深化改革的首要任务。

坚持以人民为中心的工作导向，是新闻舆论工作的根本指针和取胜资本。党领导的新闻传媒拥有相信群众、依靠群众、为群众服务的传统和经验。但在新媒体日益发达的今天，遇到不少新问题和新挑战。一方面，一些编辑记者由于移动通信工具的方便而忘掉了全党办报、群众办报的传统；另一方面，有些人由于对群众的无视而忽视了“草根记者”、民间网站，忘掉了引导群众、教育群众的社会责任。对此，应引起每个新闻舆论工作者的高度关注和重视。

在全面建成小康社会决胜阶段，中国特色社会主义进入新时代关键时刻，新闻工作者要充分认识新时代的使命和特色，明确自己的社会担当。按照习近平总书记的论述，当前我国新闻工作者所处的时代，是承前启后、继往开来，在新的历史条件下继续夺取中国特色社会主义伟大胜利的时代；是决胜全面建成小康社会，全面建设社会主义现代化强国开篇的时代；是全国各族人民团结奋斗、不断创造美好生活、逐步实现全体人民共同富裕的时代；是全体中华儿女勠力同心、奋力实现中华民族伟大复兴中国梦的时代；是我国日益走近世界舞台中央、不断为人类做出更大贡献的时代。

——摘自：童兵《马克思主义新闻观的新发展》，《新闻与写作》，2017 年第 12 期（有删改）

三、问题与思考及参考答案

1. 中国特色社会主义新闻理论的主要内容是什么？

答：中国特色社会主义新闻理论内容非常丰富，涵盖新闻工作的各个领域，主要包括以下十个方面的内容。

第一，新闻媒体是党、政府和人民的喉舌，是党和国家重要的思想文化阵地和舆论阵地，具有鲜明的阶级性和意识形态属性。

第二，党性原则是社会主义新闻工作的根本原则，是马克思主义新闻观的精髓。

第三，坚持为人民服务、为社会主义服务、为党和国家工作大局服务。

第四，坚持贴近实际、贴近生活、贴近群众。

第五，坚持实事求是，维护新闻的真实性。

第六，坚持正确的舆论导向，坚持团结稳定鼓劲、正面宣传为主，唱响主旋律、打好主动仗。

第七，坚持把提高舆论引导能力放在突出位置，增强舆论引导的针对性和实效性，提高舆论引导的权威性、公信力和影响力。

第八，坚持把社会效益放在首位，努力使经济效益同社会效益相统一。

第九，坚持解放思想、改革创新，增强生机和活力。

第十，切实加强新闻工作队伍建设。

2. 想一想，怎样才能更好地学习和掌握新闻理论?

答：新闻学是一门政治性、实践性和科学性都很强的科学。所以学习新闻学的基本方法，就是理论联系实际。要用马克思主义的立场、观点和方法分析各种新闻现象，结合新闻实践经验，取得规律性的认识。

（1）打好扎实的理论根底，就要求我们要全面学习马克思列宁主义、毛泽东思想和中国特色社会主义理论体系，认真学习马克思主义新闻观。重点要掌握它的基本原理和分析方法，而不是拘泥于具体结论和个别词句。

（2）联系实际，重在把握规律。要求我们在学习新闻、实践新闻的同时，要能够对当今世界的发展、经济全球化和信息传播全球化的形势做出准确判断，要求我们能够在新闻实践中总结出带有规律性的认识。

（3）要正确地看待理论水平和业务能力的关系。社会主义国家的新闻工作者，不仅传播新闻，同时也传播真理；不仅报道事实，也表达观点；不仅给人以信息，而且向人揭示事件的本质，展示事件发展的趋势。这就要求新闻工作者具有较高的政治素质和理论素质，有较高的业务素质，掌握各种新闻工作的各种技能。新闻理论不能代替具体的新闻业务，但是对具体业务有指导意义，是正确有效地从事新闻工作的理论基础。新闻工作者不能够忽略政治素质和理论水平的提升，一味地把业务能力摆在首位，要能够把两者很好地结合起来。

3. 学习新闻理论的意义是什么?

答：学习新闻理论对全面提高新闻工作者的素质，推动新闻事业的发展具有重要的意义。新闻工作者只有具备很高的政治素质和理论素质，才能在纷繁复杂的现象中真实、全面、深刻、精彩地报道新闻，这些都要求新闻工作者具备良好的政治、理论和业务水平。社会主义国家的新闻工作者，不仅传播新闻，也传播真理；不仅报道事实，也表达观点；不仅给人信息，也向人们揭示事件的本质，展示事件发展的趋势。新闻理论不能够替代新闻业务，但对具体业务有指导意义，是正确有效地从事新闻工作的理论基础，只有理解了的东西，我们才能更深刻地感受它；只有获得规律性的认识，才能有自觉的行动，这正是学习和研究新闻理论的意义所在。

四、参考书目

1. [美] 迈克尔·舒德森. 为什么民主需要不可爱的新闻界 [M]. 贺文发，译. 北京：华夏出版社，2010.

2. [美] 迈克尔·舒德森. 发掘新闻：美国报业的社会史 [M]. 陈昌凤，常江，译. 北京：北京大学出版社，2009.

五、历年考研的相关真题

1. 简论新闻理论对当代新闻工作的意义。(湘潭大学，2009)
2. 简述世界新闻学的几大主导性理论。(华南理工大学，2013)

第一章　新闻本源

一、重要概念阐释

1. 新闻

新闻是新近发生的事实的报道。

2. 新闻本源

新闻本源是客观存在的事实，新闻是对客观事实的反映。事实在前，新闻（报道）在后；事实是第一性的，是不以人的意志为转移的客观存在，新闻（报道）是第二性的、是人对客观存在的反映。

二、文选

陆定一指出："唯物论者认为，新闻的本源乃是物质的东西，乃是事实，就是人类在与自然斗争中和在社会斗争中所发生的事实。因此，新闻的定义，就是新近发生的事实的报道。""新闻的本源是事实，新闻是事实的报道，事实是第一性的，新闻是第二性的，事实在先，新闻（报道）在后，这是唯物论者的观点。"半个多世纪以来，陆定一传统新闻本源观关于新闻本源的观点和对新闻的定义，一直为大多数人所认知、认同、传用，在我国新闻类教科书中占有主导地位，成为许多研学者的理论圭臬。但在新闻研学和新闻实践中，笔者发现，这一观点被不少人解读为"新闻事实是物质的"（或者说是非观念性存在）。这一解读影响深远而广泛，人们定义新闻、阐释事实时，物质和意识关系混乱、物质客观性和新闻事实客观性不分的问题，大量地存在于一些词条、论文、论著里，给学科发展、学子研学和新闻实践带来了困惑。笔者以马克思主义物质观做指导，力求正确理解陆定一传统新闻本源观的精神实质，廓清唯物论所说的物质客观性和新闻事实客观性的关系，明晰新闻本源的哲学属性以期加深对新闻本源问题的认识。

……

（一）理解传统新闻本源观，必须正确把握传统新闻本源观的表述语境。

（二）理解传统新闻本源观，不能忽略“新闻的本源乃是物质的东西”在哲学用语上的表述策略。

（三）理解传统新闻本源观，要将传统新闻本源观的表述作为一个逻辑上递进的整体来理解和把握。

……

——摘自：王焕平《新闻本源哲学属性辨析》，《郑州大学学报》（哲学社会科学版），2015 年第 2 期（有删改）

新闻，是用文字来反映客观事物的一种报道形式，属于意识形态范畴。在阶级社会中，人们运用新闻手段来反映客观事物的时候，总是要体现出他的意识形态的阶级属性，他的阶级立场总是要起作用的，不能不为一定的阶级服务。无产阶级以马克思主义的宇宙观作为自己的思想体系，报纸广播是社会主义经济基础通过新闻手段的反映，为人民的三大革命实践，为发展社会主义经济服务，新闻报道的这种目的同社会发展的总趋势相一致，它的新闻学思想具有科学性、进步性和革命性。资产阶级出于狭隘的阶级利益及其没落的思想体系，报纸广播是资本主义私有制经济通过新闻手段的反映，是在精神上奴役和欺骗工人阶级和劳动人民，维护资本主义统治的工具，这种新闻报道的目的必然同社会发展的客观规律相背离，它的新闻学思想就具有荒谬性、落后性和反动性。

新闻工作，是坚持“从物到感觉和思想”，还是坚持“从思想和感觉到物”，这是两条根本对立的思想路线，并区分为唯物主义本源论和唯心主义本源论。我们党的新闻事业，坚持“从物到感觉和思想”的路线，树立实事求是的科学态度，运用这种反映社会主义经济基础的新闻手段，真实地报道人民群众的实践活动，反映客观事物的本来面目，宣传革命真理，引导人民群众前进。……历史唯物主义认为，人类最基本的实践是基本物质生产活动，这是决定其他一切活动的基础，政治、法律、哲学、道德和科学文化只能在这个基础上发展起来。在阶级社会中，由于存在着阶级差别，体力劳动和脑力劳动的分离，精神活动和物质生产活动就由不同阶级和社会集团分担，被压迫阶级被迫承担着社会全部繁重的体力劳动，而剥削阶级则把社会的政治和精神文化生活垄断起来，并作为他们自己的特权。这样，剥削阶级利用自己的特权，肆意贬低物质劳动的意义，夸大和歪曲精神力量的作用，似乎精神活动是社会生活中决定其他东西的本源，而物质生产活动则是第二位的因素，是从精神活动派生出来的。因此，思维、精神、意识就被他们看作是离开物质基础的独立发展的本质，是客观事物的本源，成为唯心主义本源论。

——摘自：康荫《新闻本源初论》，《现代传播》，1979 年第 1 期

如前所述，“社会媒介化”“媒介社会化”的重要特征就是各类媒介构成的“媒介环境”已成为当今人类生存发展须臾不可或缺的环境，媒介对人类社会立体化、全方位渗透所构成的影响力日益增大，人们越来越依赖媒介了解、认知、理解自己所处的世界，媒介的地位、功能与作用日益重要。这就决定着媒介必须本着人本解放和社会进步的责任，更好坚守新闻本源的理念与“真实、客观、公正”的立场。以往认为人的认识是从实践中来，是一个实践、认识、再实践、再认识的过程，但大数据与融媒体时代的人的认知，已日益依赖媒介来间接完成，包括新闻在内的媒介传播是否给人们传播真相、正像，是否能抵制假象、偏像，不仅仍是新闻传播活动的第一要义，而且其重要性将更为凸显。因新技术、新媒介、新业态而动摇、放弃坚守新闻本源与媒介立场的态度和做法，都是与媒介和新闻传播活动所处的地位、功能、作用不相吻合、背道而驰的。

在内容爆炸的时代，面对以数量大、类型多、处理速度快和价值密度低为特征的海量信息，云计算等大数据前沿技术在传播领域的应用，使新闻信息有可能通过快速的数据集成分析进行筛检释放，提高传播的质量、效率和针对性。传播业内也已经多有此类尝试，从老土的数据线、适配

器，到时髦一些的各种盒子、智能电视，还有迎头赶超的移动产品，都让传统的新闻传播发生了质的变化与飞跃。但是，人类的新闻传播史告诉我们，自资本主义萌芽时代威尼斯的“手抄记者”起始，新闻传播的诞生与发展就在于满足人们与社会对新的有用信息的需要。从报刊的产生演化，到作为电子媒介的广播诞生，再到声像交融的电视问世，直至20世纪后半叶互联网的发展普及和新兴媒体的崛起，在这一漫长的传播进化历史中，新闻传播虽遭遇各种考验，但其传播的铁律始终不变——真实是新闻的生命之源、立命之本，客观、公正是新闻价值辨析与传播的根本立场。无论新技术怎样发展，无论媒介形态及其传播方式如何改变，新闻传播的铁律毋庸置疑也不容违背。

大数据与融媒体时代一方面极易引起媒介身份的迷失，另一方面又大量涌现兼具受者和传者等多重身份的主题，客观上更加迫切需要从坚守新闻本源出发去进一步明晰媒介身份、媒介行为、传播规范等根本性问题。媒介究竟是什么身份？在西方新闻语境下，普利策的经典名言是：倘若一个国家是条航行在大海上的船，新闻记者就是船头上的瞭望者，他要在一望无际的海面上观察一切，审视海上的不测风云和浅滩暗礁，及时地发出警告。在普利策眼里，媒体和记者存在的理由就是做公众的眼睛，为社会提供透视窗口并能随时发出预警。马克思对媒介功能的认识入木三分，他指出：“报刊不仅有权利而且有义务严密地监督人民代表先生们的活动”，“是社会的捍卫者，是针对当权者的孜孜不倦的揭露者，是无处不在的眼睛”。马克思还把媒介看成是统治者与被统治者之间的一种仲裁力量，即社会的“第三种因素”。尽管东西方也好，社会各方也好，对媒介角色的认知与功能界定千差万别，但仍同守一些基本的共识。譬如，媒介要忠实记录和传播社会真实；要做社会的雷达，监控社会变化；要有必要的中立性与批评性等等。

正是因为大数据技术必然改变和创构新闻传播崭新的方式，也正是因为今日媒介之种类繁多、主体多元，就更有必要认明身份、杜绝迷失，规范多元主体的新闻传播共同行为，而其中坚守新闻本源恰是整个传播活动中的核心要素与媒介身份、传者行为规范的根本依据和出发点。各类媒介和新闻传播主体（包括自媒体）及其行为，作为社会分工的进一步深化、演化，理所应当以“社会分工论”为学理基础，建构并承担起职业担当和专业行为责任，这也是一种必然的定律。

——摘自：胡睿《试论大数据与融媒体时代之坚守新闻本源》，《视听纵横》，2015 年第 3 期（有删改）

三、问题与思考及参考答案

1. 新闻的基本特征是什么？为什么说真实准确是新闻最基本的特征？

答：新闻的基本特征有真实准确、内容新鲜、报道及时、传播公开。事实是新闻的本源，新闻是对事实的报道。新闻无论是内容还是形式，都离不开事实。在内容上，新闻必须以事实为依据，否则它就是无源之水，无本之木；在表现形式上，新闻必须要用事实说话。社会需要真实的新闻，真实的新闻才能真正满足社会的信息需求。虚假的新闻会误导人们的思想和行动，严重的还将危及人类的生存和社会的发展。所以新闻必须完全忠于事实。另外，新闻要求真实准确也是新闻机构和新闻从业人员必须遵守的一条铁律。新闻一旦失实，就会失去存在的价值，生命也就终止。对于新闻来说，真实准确包括三层含义：一是指新闻所报道的事实必须是客观存在着的；二是指新闻对事实的报道必须准确无误，真实可信；三是指新闻不仅要求对具体事实的报道真实准确，而且在事实的整体和相互联系上也应客观全面、符合实际，力求在整体上真实客观地展现社会生活的面貌。

2. 怎样理解新闻报道中的公开透明和有效管理？

答：新闻报道的特征之一就是传播公开。这使得它有别于内部情况和机密情报，也不同于私人信函，它必须面对社会，公开传播。新闻以满足社会信息需求，为社会提供信息服务为目的，是人们进行社会交往的桥梁和纽带，新闻一经产生，就必然是公开的，具有一种天然的扩散性。新闻报道的受众面愈广，关注度愈高，愈能实现其新闻价值，传播效果也就更加显著。过去一段时间内，我国新闻媒体对新闻传播公开性认识不足，对人民的知情权尊重不够，导致我国新闻媒体的影响力和公信力不够。社会的变化使得政府认识到，对于重大事件的报道，越是公开、迅速，越能够赢得群众的理解和支持，也越有利于问题的解决，越能在道义上舆论上占据有利地位，实现及时有效的舆论引导。但是，新闻媒体从业人员和公众也必须明白，公开不是绝对的，不受限制的。社会主义新闻宣传要做到公开、透明、开放，绝不意味着放任自流。越是公开透明，越要加强管理。把公开透明和有效管理统一起来。什么事情能报、什么事情不易报道，都必须考虑传播后的社会效果，必须把人民的利益放在首位。我们要时刻谨记，什么可以透明，什么不能透明，透明到什么范围和层次，都要以国家利益、民族利益、人民利益为标准，要看是否有利于社会的稳定、政局的稳定、经济的稳定、人心的稳定。

3. 为什么说新闻事实是经过选择的事实？

答：新闻是一种源于客观事实，依附客观事实，为客观事实所决定、所派生的，同时又是经过选择、提炼、加工后的精神产品。

（1）报道者对事实的选择是必然的。首先是由事实的无限性和报道的有限性决定的。事实是新闻的本源，但并不是所有的事实都能成为新闻。经过新闻报道的事实被称作新闻事实，未经报道的事实一般被称作一般事实。其次，各家媒体都有自己的特殊定位，选择新闻的标准和感兴趣的重点领域，通过对一般事实的不断筛选、比较和取舍，满足本媒体机构的传播方针的需求后再往外传播。

（2）对事实进行选择绝不意味着可以歪曲事实、背离事实、随心所欲地改变事实。新闻反映客观事实的根本目的，是让受众通过新闻如实地感知事实、认识事实，从而能够更好地认识世界。

4. 中西方对于新闻的定义有不同的看法，你是怎么认为的？

答：由于新闻现象的丰富性和新闻传播活动的复杂性，长期以来，人们对什么是新闻有着不同的认识和理解。中西方提出的新闻定义也很多。从“新闻”一词的使用情况来看，我国和西方对新闻基本含义的认识和理解大体一致，只是在对新闻定义的实际操作上有些区别。我国的新闻定义到目前为止使用较多是陆定一先生在《我们对于新闻学的基本观点》一书中的“新闻是新近发生的事实的报道”。这个定义有三个关键词：事实、新近发生、报道。首先，它肯定了事实是新闻的本源，是第一性的，新闻是事实的报道，是第二性的，从根本上划清了唯物主义新闻本源观和唯心主义新闻本源观的界限。其次，定义明确指出，只有经过媒体报道的事实才能成为新闻。最后，定义强调了新闻报道的时效性，只有新近发生、发现和正在发生的，具有新意的事实或事实的新变动，才有可能成为新闻。除了这个定义之外，中外还有很多其他的定义，比较典型的有“事实说”“报道说”“功能说”等，它们从不同的角度和方面对新闻这一复杂现象的某些基本特征进行了探索。第一，它们都肯定了事实的重要性。第二，它们都强调了新闻要新，事实要新。第三，在西方国家中还有一些“性质说”“兴趣说”等的定义，他们从新闻内容的趣味性、新奇性和反常性的角度进行了概括。这些关于新闻的定义，反映了人们在认识新闻现象、探索新闻本质过程中的思考和理解。这种探索也是正常的。客观事物是不断发展变化的，人们对客观事物的认识也不断在深化，随着新闻传播事业的发展，人们对新闻定义的认识也必定与时俱进。

5. 怎么样理解新闻的“内容新鲜”这一特征?

答：如果说真实是新闻的生命，那么，新鲜则是新闻的天性。新闻的“新”，意指时间新近、内容新鲜。新闻要新，是由新闻本身的功能和社会需要所决定的。人类社会之所以需要新闻，就是为了及时获知有关社会实践的新信息，了解外部世界的新事物、新情况、新变化、新动向，逐步减少和消除认识上的不确定性，更好地认识世界、改造世界。这是新闻产生和生存的基础，也是当今新闻事业成为社会不可离开的重要事业的根本原因。新闻的新，取决于事实的新。新闻是新近发生的事实的报道，其中事实的报道是指那些包含新鲜的新闻价值要素更多的事实，只有这样的事实才能引起人们的兴趣。此外，事物的新变动，变动的程度也是引起人们关注的重要因素。变化的社会性效果和受众关注的程度，决定了新闻价值的大小。需要指出的是，新闻语言的时代性、现实感，对新闻内容的新鲜与否也有直接的影响。陈旧的语言表达只能给人老气横秋、暮气沉沉的印象。

四、参考书目

［美］埃德加·斯诺．西行漫记［M］．董乐山，译．北京：外语教学与研究出版社，2005.

五、历年考研的相关真题

1. 简述人们获取新闻、交流信息的不同渠道。(中南财大，2008)
2. 新闻本源（复旦大学，2007)
3. 论作为社会现象的新闻。(复旦大学，2005)

第二章　新闻真实

一、重要概念阐释

1. 新闻的客观性

新闻的客观性是指新闻作为客观事实在新闻报道者头脑中“反映的产物”，虽然是第二性的，但其报道必须是客观的。

2. 新闻的倾向性

新闻的倾向性指的是新闻工作者和新闻媒体反映客观事实时的立场、态度在新闻中所表现的一种特性。

3. 新闻媒体的公信力

新闻媒体的公信力指的是新闻媒体通过提供以新闻报道为主的信息产品（包括广告）能够获得受众信赖的能力和程度。

二、文选

真实性是新闻的生命，但是新闻真实又是一个颇为复杂的概念。总体而言，新闻真实讨论的核心问题是新闻报道与事实真相的关系问题，即前者是否能够与后者相符合，进而又延伸区分为本质真实/现象真实、宏观真实/微观真实、整体真实/具体真实等概念的讨论。

由于新闻真实是关于主体如何反映、再现现实世界的一种认识活动，因此对新闻真实的认识论讨论也是其重要方面。一般认为，新闻的客观性是新闻真实的认识论原则，然而关于新闻客观性的批评和质疑却在这一观念诞生的初始就仿佛是与生俱来的。对于客观性的批评，主要来源于客观事实的复杂性、认识能力的有限性、环境要素和新闻生产环节的制约性，这些都导致了认知的片面性、碎片化和动态性。这无疑加深了对新闻真实是否可能的忧虑。从逻辑学的角度讲，新闻真实本身就是具有认识论意义的概念，新闻真实的使命是实现存在论意义上的事实真相。沿着这一理论，王亦高引入逻辑上的证实和证伪概念对新闻真实进行了讨论，他认为证实的报道实际上是“各个论证环节必须100%齐备才行”，这在现实中很难实现，因此也很难是“科学的报道”。相反，新闻报道如果能够通过不断证伪，捕捉确凿的事实，即可逐渐达到新闻真实。

——摘自：虞鑫《语境真相与单一真相：新闻真实论的哲学基础与概念分野》，《新闻记者》，2018年第8期（有删改）

马克思主义新闻观不仅为新闻理论和传播机制的建构提出了重要原则，还为新闻理论的基本概念和操作规范明确了要求。比如，关于新闻的客观性、真实性和倾向性，从马克思恩格斯开始，就有了清晰和明确的分析及论证。

恩格斯指出，唯物主义的自然观不过是对自然界本来面目的朴素的了解和解说，不附加任何外来的成分。作为主体反映客体的报刊上的新闻报道，应采取这种实事求是的态度。在他和马克思看来，新闻的客观性表现在：新闻反映的是客观发生过的事实，是对事实的客观叙述。在新闻的操作层面，他们要求提供同新闻事实相关的每一个细节，同时办报人要公正地提供事实。马克思和恩格斯还把坚持客观报道视作报刊工作的“一般的公正”。他们期待所有报纸都能坚持“一般的公正”，包括资产阶级报纸，他们认为这是报纸工作的普遍的基本规则。

关于新闻的真实性，马克思和恩格斯认为，这是指新闻报道者在报道新闻时叙述要实事求是，“把真实的情况告诉我们的读者”。他们指出，新闻的客观性指的是新闻反映的是客体的本来面目，没有客观性便没有新闻；真实性指的是对客体的本来面目的叙述是实事求是、老老实实的，一就是一，二就是二。

马克思和恩格斯深刻地揭示了不真实报道的本质和产生的原因。他们指出：“不真实的思想必然地、不由自主地要捏造不真实的事实，即歪曲真相、制造谎言。”在他们看来，故意失实和篡改事实的原因，主要是利己主义和阶级偏见。他们还分析过“事实撒谎”和“思想撒谎”两种不真实报道的表现。他们指出，事实撒谎完全属于国家的缺陷，而思想的谎言则是不可原谅的，因为它是“冷静的头脑”干的，是故意失实，是利己主义的产物。他们还提出“完整地揭示全部事实”“历史的真实”“理论的真实”等概念。他们认为，一个记者，一张报纸，只能反映一部分事实。但是，通过报纸的有机运动，即报纸通过分工——不是由一个人做全部工作，而是由这个人数众多的团体中的每一个成员担负一件不大的工作——一步一步地弄清全部事实，从而给人一种整体的真实感。所谓历史的真实，即相反的意见经过争论，相互矛盾的论断经过交锋，从正反两个方面互为佐证，经过多方验证的真实，即为历史的真实。所谓理论的真实性，指的是结论来自事实，理论以事实为根据。显然，历史的真实和理论的真实，是马克思和恩格斯对真实性提出的更高的要求。

列宁和毛泽东对新闻真实性的一些论述，在细节上也有所创新。在社会主义条件下，列宁指出，讲真话，反映真实情况，如实报道我们的错误和缺点，是社会主义新闻工作一个基本的重要原则。他提出，我们需要的是完整和真实的情报，而真实性不应当以它该为谁服务而变化。我们可以组织好对事实的选择，但必须做到事实完整。他说：“在社会现象领域，没有哪种方法比胡乱抽出一些个别事实和玩弄实例更普遍、更站不住脚的了。挑选任何例子是毫不费劲的，但这没有任何意义，或者有纯粹消极的意义，因为问题完全在于，每一个别情况都有其具体的历史环境。如果从事实的整体上，从它们的联系中去掌握事实，那么，事实不仅是‘顽强的东西’，而且是绝对确凿的证据。如果不是从整体上、联系中去掌握事实，如果事实是零碎的和随意挑选出来的，那么它们就只能是一种儿戏，或者连儿戏也不如。”

毛泽东指出，无产阶级进行报刊宣传，最尖锐最有效的武器只有一个，那就是严肃的战斗的科学态度，就是实事求是的态度。向人民群众做真实的报道，不仅充分地报道我们的成就，而且应当经常把发生的困难向他们作真实的说明，天灾人祸，如实报道。

列宁和毛泽东关于新闻真实性的观点，同马克思和恩格斯是一致的。

马克思和恩格斯说过："凡是真的东西，都经得住火的考验；一切假的东西，我们甘愿与它们一刀两断。"

马克思和恩格斯在论述新闻客观性和真实性的同时，又指出新闻报道者总是有倾向性的。这是因为，在报刊工作中，不仅要维护最低限度的、起码的"一般的公正"，而且总要这样或那样地表现出报刊工作者自身的立场和看法。这是由于，第一，在大国里报纸都反映自己党派的观点，它永远也不会违反自己党派的利益；第二，当报刊工作者深入到事件中去，对某些当事人产生同情，而对某些当事人产生反感，在这种情况下，往往会产生带有倾向性的态度，并把这种倾向性渗透进新闻报道中去。

客观性、真实性和倾向性如何共融于新闻？根据新闻理论体系探讨马克思和恩格斯多次论述和他们处理新闻报道的一般做法，对于新闻报道的倾向性他们的基本立场是：

首先，他们认为倾向性是一种必要的、记者难以回避的新闻的属性。

其次，倾向性是以事实的客观性和真实性为依归的，它不是人们任意附加于新闻及事实的东西。

再次，新闻的生命是客观和真实——准确的事实和实事求是的叙述方法。

所以，马克思和恩格斯对新闻工作提出的基本要求是：报刊说的是事实，而不是希望出现的事实。完全立足于事实，只引用事实和直接以事实为根据的判断——由这样的判断进一步得出的结论本身仍然是明显的事实。

十分明显，马克思主义新闻观中关于新闻的客观性、真实性、倾向性等基本观点，为社会主义新闻理论框架的构建在新闻特征、内容要求等方面提供了理论要素和核心观念，也明确规定了对新闻报道的基本要求。

——摘自：童兵《马克思主义新闻观是新闻理论的灵魂和核心》，《新闻爱好者》，2016 年第 1 期（有删改）

解决职业新闻活动中的新闻漂移现象，首先要做的便是在新闻报道、新闻言论中将新闻事实奉为基本圭臬，重回新闻的事实本位。当然，"多元新闻观念是可以共存的，但最根本的是坚持新闻本位这个大前提，按照新闻传播规律办事”。

对于职业新闻传播主体而言，只有树立新闻的事实本位观念，时刻以再现真实作为新闻生产的行为准则，才能使新闻活动行走在一条正确的、健康的道路上，“如果本末倒置，建构真实、塑造真实、设置真实，不仅违背现代新闻观念，背离新闻传播规律，也必然会造就一个虚假的社会信息环境”。

新闻本质上是一种事实信息，新闻活动的根本任务在于揭露事实、传播真相。如果新闻不再以事实为源、以事实为重，那就离开了它的根本，离开了它的本位，那就意味着新闻不再是新闻。实际上，也正是在揭露、传播真相的过程中，新闻监测环境、守望社会、服务人民的功能与目的才能得以实现，社会公众的知情权才能满足，其社会公共行为才有切实可靠的信息参照基础。就像徐宝璜在其《新闻学纲要》中说的那样，“舆论之以正确详细之事实为根据者，必属健全，若所根据者并非事实，则健全之舆论无望矣。新闻纸者，最能常以关于各种问题之消息，供给社会者也。舆论之根据，实在其掌握中。如以新闻相供给，则社会有正当之根据，自发生正当之舆论，诸事自可得正当之解决。若所供给者为非新闻，则舆论之根基既已动摇，健全何有?”

新闻之真实、准确是实现新闻社会功能、社会价值的基础，而在新闻漂移严重的状况下，则很难实现新闻特有的社会功能与社会价值。回归事实本位，意味着专业新闻媒体在新闻活动中务必要遵守新闻传播规律，实现真实报道，呈现真实图景，重建事实与报道、事实与言论之间紧密的、应有的逻辑关联。进一步说，就是要切实贯彻落实习近平所说的，“真实性是新闻的生命。要根据事实来描述事实，既准确报道个别事实，又从宏观上把握和反映事件或事物的全貌。舆论监督和正面宣传是统一的。新闻媒体要直面工作中存在的问题，直面社会丑恶现象，激浊扬清、针砭时弊，同时发表批评性报道要事实准确，分析客观”。

习近平高度概括了尊重新闻传播规律的内涵，并为回归事实本位指明了方法与路径——专业新闻媒体要坚持“具体真实”与“整体真实”的统一，既要以客观、全面、真实的专业理念准确反映具体事件的真实，还要“用全面的、联系的、变化的视野和观念观察社会、认识社会、反映社会和呈现社会，要注意处理不同性质、类型、层次的社会事实之间的关系，努力通过新闻方式将一定社会历史时空范围内的主导、主流的真实情况反映、呈现在社会大众面前，从而使人们至少在新闻视野中、新闻层次上，对社会有一个大致真实、全面的认知”。事实上，中国新闻界近年来开展的“三贴近”（贴近实际、贴近生活、贴近群众）以及“走转改”（走基层、转作风、改文风）活动，便是尊重新闻规律的具体落实，类似的有助于回归现实世界、认清客观事实的做法应当进一步坚持下去。

——摘自：杨保军《新闻的“漂移”及应对之道》，《新闻记者》，2018 年第 10 期

三、问题与思考及参考答案

1. 新闻报道中，对事实真实的要求是什么？

答：新闻报道中，对事实真实的要求主要有四点：第一，构成新闻的“五个 W”要准确无误。也就是说，新闻报道中的事实无论是时间、地点、人物还是事件的发生、变化的原因，都应当是实实在在，确实存在的。第二，事实的细节描述也要有根有据，符合实际，不能有任何的“合理想象”。第三，新闻中使用的背景材料要真实可靠。背景材料中涉及的任何细节都应当有依据可查，不能任意编造。第四，新闻中所概括的事实要符合客观实际，不能以点带面，以偏概全，要能做到透过现象看本质。

2. 如何做到新闻报道中的客观性与倾向性的统一？

答：（1）新闻报道中的客观性是指新闻作为客观事实在新闻报道者头脑中“反映的产物”。新闻的客观性主要表现在三个方面：第一，新闻工作者要广泛采集事实，并以客观事实作为报道的依据，事实的客观性决定了新闻的客观性。第二，新闻报道事实这一行为过程本身就是一种社会实践活动，实践的客观性决定了新闻的客观性。第三，大多数情况下新闻报道使用的是客观手法，采用的是客观报道形式。

（2）新闻的倾向性是指新闻工作者和新闻媒体反映客观事实时的立场、态度在新闻中所表现的一种特性。新闻之所以有倾向性，首先是因为

新闻是经过新闻工作者头脑加工后的“反映的产物”。其次，新闻媒体作为一定阶级、党派、社会集团的舆论工具，总是要按照它们的要求，为其根本利益服务的。因此，新闻必然表现出一定的倾向性。新闻的倾向性的表现也是多方面的，但最主要的是政治倾向性。

（3）新闻既有客观性，又有倾向性，两者应该是统一的，这是因为，它们都不能离开事实这个基础。新闻的客观性要求新闻报道必须真实地描述事实。新闻的倾向性也不能离开真实，并且应该以新闻的真实性和客观性作为前提，离开了事实，倾向性就没有根据。

（4）事实是新闻客观性与倾向性统一的基础，客观性同倾向性在新闻报道中能不能统一，关键在于能不能尊重事实。事实说明，在新闻报道中，只要尊重事实，始终坚持新闻的客观性，并善于把倾向性隐含在事实及对事实的描述过程之中，就能把客观性和倾向性统一起来，从而充分发挥新闻媒体的功能和作用。

3. 怎样理解新闻真实是新闻媒体公信力的前提？

答：新闻公信力是指新闻媒体通过提供以新闻报道为主的信息产品（包括广告）能够获得受众信赖的能力和程度。真实是新闻本质的特征之一。两者之间的关系是新闻媒体必须具有公信力，新闻真实是新闻媒体具有公信力的前提。

（1）人民群众的信任是新闻媒体生存和发展的前提。新闻媒体每天提供大量的信息，表面上看新闻媒体似乎拥有对新闻信息充分的选择权和决定权，实际上，这种选择内在地渗透着人民群众的需要。新闻媒体只有把人民群众的需求内化为自身要求，选择新闻信息才能有的放矢。最终才能赢得良好的生存和发展空间。

（2）新闻真实是评价新闻媒体公信力的首要标准。构成新闻媒体公信力的要素很多，但是只有新闻真实始终是衡量新闻媒体公信力最直接、最重要的要素，也是其他一切构成要素的前提和基础。如果虚假新闻接连出现在媒体上，人民群众对它的信任就会彻底消失。

（3）社会主义新闻事业要有责任为人民群众提供更多真实可信的新闻报道，不断满足他们的需求，也只有这样，才能使新闻媒体在人民群众中拥有更高的公信力。

4. 什么是虚假新闻？什么是有偿新闻？联系实际，谈谈它们的危害性及治理对策。

答：（1）虚假新闻是指为了达到某一目的而采用发布假信息达到欺骗当事者的一种舆论，未能真实反映客观事物本来面貌，带有虚假成分的报道。

（2）有偿新闻就是指某些企业单位、经营者个人为了宣传自己的产品或服务而想方设法在一些媒体上上镜头、占版面等，以新闻报道的形式给自己做广告，而给予记者或编辑以物质利益，或者是政府官员为了掩盖丑行而贿赂新闻人员以作出歪曲事实的报道的违法行为。

（3）不管是有偿新闻还是虚假新闻，对一家媒体来说要赢得受众信任，必须予以杜绝，做到新闻报道客观、真实。媒体的权威是靠一篇篇真实报道累积起来的，任何的失实，哪怕是几条虚假新闻都能导致多年累积的成果毁于一旦。最为严重的是，虚假新闻损害了党和政府的威信，给党和人民的事业造成巨大损失。

（4）造成有偿新闻、虚假新闻的原因是多方面的，既有新闻媒体自身职业道德、思想作风、工作作风等方面的问题，也有深刻的思想根源和社会根源。因此杜绝此类新闻是一个长期的、艰巨的过程，必须依法规范，综合治理。首先，要经常进行马克思主义新闻观和党的实事求是的思想路线的学习和教育，提高媒体和广大新闻工作者的思想认识。其次，要强化新闻职业道德意识，努力提高职业道德水准。最后，要针对新形势下媒体发展环境的变化，不断完善新闻媒体内部的管理制度，健全监督机制，提高有效制约的能力。

5. 怎样理解“从总体上、本质上和发展趋势上反映事实”这句话？

答：社会主义新闻媒体不能仅仅满足于准确报道事实，还必须注意从总体上、本质上和发展趋势上去把握事实的真实性。这是对新闻真实性提出的更高层次的要求。

（1）从总体上反映事实的含义是，不仅每一则新闻反映的局部情况都是真实的，而且它们的总和所反映的整体情况也是真实的。离开了对客观事物总体面貌的把握，或者说不是从总体上去把握事实，就不可能真实地反映客观社会的生活实际。

（2）从本质上和发展趋势上反映事实的含义是：在真实、准确报道事实的基础上，要透过事实以及事实与事实之间的内在联系，准确把握其发展趋势，使整个新闻报道与事实的发展规律和发展趋势相符合，与社会生活的本质相符合。

（3）从总体上、本质上和发展趋势上反映事实，要求新闻媒体对重大事件的报道，应从社会历史发展的高度去揭示事物在社会生活中存在的状态、特征和本质意义，不能歪曲生活。

四、参考书目

1. 杨保军．新闻真实论［M］．北京：中国人民大学出版社，2006.

2. ［美］迈克尔·舒德森．新闻社会学［M］．徐桂权，译．北京：华夏出版社，2010.

五、历年考研的相关真题

1. 什么是“后真相”，在后真相时代专业媒体如何防治新闻失实？（浙江传媒学院，2018）

2. 新闻真实（厦门大学，2018）

第三章　新闻价值

一、重要概念阐释

1. 新闻价值

新闻价值是事实所具有的、满足社会与公众对新闻需要的要素的总和，这些要素通常指新鲜性、重要性、显著性、接近性和趣味性等。

2. 新闻价值取向

新闻价值取向是新闻价值观的重要组成部分，它所要解决的是新闻工作者按照什么导向、标准对新闻价值进行选择、取舍和呈现的问题，表现为选择和决策过程中的倾向性。

二、文选

新闻价值理论是我国新闻学理论的重要组成部分，也是最早出现在我国新闻学著作中的理论内容之一。1919 年，时任北大教授的徐宝璜先生出版了我国第一部新闻学专著《新闻学》，其中就有两个章节专门论述新闻价值问题。此后的新闻学者对此也多有论述。但在 1957 年之后，新闻价值作为资产阶级的新闻学术语，遭到学界的批判和抛弃。直到 1977 年之后，学界才重新接受这一概念。由于理论自身的复杂性和社会环境、媒介生态环境的迅速变化，改革开放 40 年来，新闻价值理论一直是学界探讨的重要课题。

……

第一个阶段是从 20 世纪 70 年代末到 80 年代中期，是新闻价值理论探讨最活跃的时期，也是我国新闻价值理论重建的奠基时期。对历史教训的深刻反思、改革开放和思想解放运动的推动，以及新闻改革实践的迫切需要，这些都成为新闻价值问题讨论的重要动力。

……

第二阶段，从20世纪80年代中期到21世纪前10年，是新闻价值理论的学理探讨时期，也是新闻价值理论体系确立阶段。这一时期，学者们开始从哲学层面对新闻价值涉及的问题加以阐述。它包括：什么是价值，什么是价值物质承担者，什么是价值尺度，什么是价值主体，什么是价值客体，什么是价值关系，什么是价值创造，什么是价值实现等。此外，对新闻传播活动中的多个价值主体的多种价值活动、价值关系以及价值现象进行了全面梳理和较为深入的探讨。

……

第三个阶段是最近10年，在新媒体环境中，新闻价值理论内涵和要素呈现出的新特点，这些成为研究的热点。

——摘自：赵国政《改革开放40年来我国新闻价值理论的建构、发展与嬗变》，《新闻爱好者》，2018年第9期

随着信息传播的便捷和快速，人们要求新闻传媒提供越来越多、越来越好的新闻。随着科学技术的进步和新闻产业的发展，新闻传媒有可能在新闻的数量和质量上最大限度地满足公众不断增长的信息需求。这样，新闻的价值含量问题就被提到了社会和新闻业面前。从不同视角出发，对新闻价值有不同的理解。从信息传播看，新闻价值指新闻事实自身含有能够满足受众信息需求的要素。从传播效果看，新闻价值则是新闻在社会传播之后产生的社会反响即社会效果。从传播者看，新闻价值又是传播人和传媒调控机构衡量与取舍新闻的标准。但中外新闻学者和新闻业者多数人主张从本源上认识新闻价值，即认为新闻价值主要指新闻事实自身含有的能够满足社会和受众需要的特殊素质的总和。应该指出，这种新闻价值观符合马克思主义新闻观的原则精神。在中国新闻学术界，有人提出，政治上有利无利、风尚上有益无益、编写上有趣无趣，三个因素的权衡是影响新闻价值的关键。有人认为，舆论导向、政治民主、新闻功能的考量，是影

响新闻价值的三个因素。还有人表示，新闻敏感、政治敏感很大程度上关系到新闻价值的实现。还有一些学者认为，影响新闻价值取向和实现的最大因素是新闻政策。因此，新闻工作者不能以新闻价值作为唯一取舍新闻的依据，但也不能以新闻政策取代新闻价值，把新闻政策作为取舍新闻的唯一标准。笔者认为，所有这些不同主张与见解的讨论，对提升新闻传播的有效性，对贯彻以人民为中心的新闻导向，对坚持马克思主义新闻观为新闻舆论工作的灵魂，都是有益的。

——摘自：童兵《中国当代新闻理论核心理念的界定》，《新闻爱好者》，2016 年第 4 期（有删改）

在当代中国，形式上，马克思主义新闻观是众多新闻观中的一种，但在实质上，它是唯一的主导新闻观。相应地，马克思主义新闻价值观也是我国的主导新闻价值观，其典型特征就是“人民中心观”。

（一）人民中心观的理论来源

马克思主义新闻价值观体现在马克思主义关于新闻传播活动的思想体系中，马克思主义新闻观思想体系涵盖了马克思主义的信息传播、宣传、新闻、文化、传播政策以及组织内部思想交流的论述。要分析马克思主义新闻价值观，首先要对马克思主义新闻观的基本内容有个系统的了解。

马克思主义新闻观是指马克思、恩格斯对于新闻现象和新闻传播活动的总的看法，它涉及诸如新闻本源、新闻本质及新闻传播规律等许多根本性问题。其核心是马克思主义关于无产阶级及其政党新闻事业的工作性质、工作原则和工作规律的一系列基本观点。

马克思主义新闻观的形成是一个继承与发展的过程，由无产阶级的伟大导师马克思和恩格斯共同创立，经过以列宁为代表的苏联共产党、以毛泽东为代表的中国共产党的继承与发展，无产阶级新闻事业的经验和传统得到持续的总结和高度的概括。

改革开放以来，以邓小平、江泽民、胡锦涛、习近平等为代表的几代中国共产党人推进了马克思主义新闻观的中国化，并进一步丰富了马克思主义新闻观的内涵，特别是习近平的新闻舆论思想，可以说把马克思主义新闻观推进到了一个新的发展时代。

回顾历史可以看出，马克思主义新闻观经历了马克思、恩格斯奠基，列宁继承发展，以毛泽东为代表的中国共产党人丰富创新的三大阶段。当前中国马克思主义新闻观的核心观念主要有党性原则观念、人民中心观念、新闻规律观念和正确舆论观念，其中，人民中心观念是居于核心地位的新闻价值目标观念。“以人民为中心”的思想具有深厚的马克思主义理论渊源，也有着深厚的中国特色社会主义的实践基础，人民中心观是马克思主义新闻价值观的灵魂。

（二）人民中心观的实质

人民中心观是马克思主义新闻价值观的典型特征，这是由马克思主义政党把人民利益作为党的唯一利益目标这一宗旨决定的，也是由马克思主义政党领导的新闻事业的性质决定的，即新闻事业是党的事业，也是人民的事业，新闻事业的党性与人民性在根本上是统一的。专业主义新闻观和商业偏向新闻观也包含了一定的“以人民为中心”的思想，但是与本文所讲的“以人民为中心”是有所不同的概念。具体来说，人民中心观作为马克思主义新闻价值观的灵魂或典型特征，主要体现在以下几个方面。

1.“人民”是创造新闻价值的主体

在马克思主义的历史唯物主义视野中，人民群众是历史的主体和创造者，是社会历史发展的（主体）动力。马克思主义新闻观始终强调人民是新闻价值的主体，价值的根源在人民，价值实现的目标是为了人民，价值成果要由人民共享，这是唯物史观在新闻活动中的直接体现。这一层面上人民中心观的表现具有鲜明的历史唯物主义色彩，主要体现在马克思主义关于新闻活动与人民之间关系的系列论述中。

对书报检查制度的批判、对言论和出版自由的呼吁是马克思报刊思想的重中之重。1841 年，普鲁士政府颁布了书报检查令，马克思在时评文章《评普鲁士最近的书报检查令》中直指书报检查以官方的单一声音扼杀人的多样化：“每一滴露水在太阳的照耀下都闪现着无穷无尽的色彩，但是精神的太阳……却只准产生一种色彩，就是官方的色彩……我们的命运不得不由书报检察官的脾气来决定。”新闻出版自由是实现新闻价值的前提条件，而价值就来源于人的丰富多彩的思想，来源于每一个具有个性化的人。马克思在论述自由报刊性质时使用了历史个性和人民性这两个基本概念，报刊独特的历史个性（社会性）决定了报刊的人民性，即体现人民精神，表达人民的意愿。

来自人民群众的意见是党的新闻活动的重要源泉，报纸要报道的内容来自人民，人民是新闻价值的创造主体。“全党办报，群众办报”是中国共产党党报思想的一个重要观点，其实质与核心在于，真正把人民群众当作党的新闻事业的主人，从而确立了人民群众在党报工作中的主体地位。毛泽东关于报纸批评的思想中也强调了人民主体地位，1954 年 7 月，党中央发布《关于改进报纸工作的决议》，要求各级党委要把报纸是否充分开展了批评、批评是否正确和干部是否热烈欢迎并坚决保护劳动人民自下而上的批评，作为衡量报纸的党性、衡量党内民主生活和党委领导强弱的尺度；要通过报纸广泛地吸收来自人民群众的意见，正确地处理人民来信。邓小平在总结“文化大革命”的教训时曾说：“一个革命政党，就怕听不到人民的声音，最可怕的是鸦雀无声。”

习近平在纪念马克思诞辰200 周年大会上说：“学习马克思，就要学习和实践马克思主义关于坚守人民立场的思想。人民性是马克思主义最鲜明的品格。”在 2013 年 8 月 19 日全国宣传思想工作会议上，习近平要求新闻舆论工作坚持党性，同时首次提出“以人民为中心的工作导向”。之后，在一系列会议讲话中，习近平频频提及“以人民为中心”“人民立场”“民心”“民众获得感”等词汇，比如：党的新闻舆论工作要坚持以人民为中心的工作导向；我国哲学社会科学必须坚持以人民为中心的研究导向；党要坚持以人民为中心的发展思想；人民立场是中国共产党的根本政治立场，是马克思主义政党区别于其他政党的显著标志；要始终把人民利益摆在至高无上的地位，不断把为人民造福事业推向前进；全心全意为人民服务是党的根本宗旨，党同人民风雨同舟、生死与共是党战胜一切困难和风险的根本保证，同人民打成一片是党永远保持艰苦朴素作风的重要保证等等。习近平的一系列论述显示，人民在党的一切工作中居于主体地位，中国人民始终是中华民族发展史的书写者、中华文明的创造者、中华民族精神的培育者，党的一切工作都要以人民为基点和出发点。2018 年 3 月 20 日，习近平在第十三届全国人民代表大会第一次会议上强调，坚持以人民为中心的发展思想，就要坚持人民主体地位，充分尊重人民意愿和权利，紧紧依靠人民，从群众中汲取无穷的智慧和力量。

2016 年 7 月 1 日，习近平在庆祝中国共产党成立 95 周年大会上全面总结了党与人民的关系，强调要坚信党的根基在人民、党的力量在人民，坚持一切为了人民、一切依靠人民，充分发挥广大人民群众积极性、主动性、创造性，不断把为人民造福事业推向前进。2017 年 10 月 18 日，习近平在党的十九大上做报告时，强调党的使命就是"坚持以人民为中心"，人民是历史的创造者，是决定党和国家前途命运的根本力量，必须坚持人民主体地位。可见，在马克思主义立场中，人民始终占据不可动摇的主体地位。

——摘自：杨保军，王敏《论中国马克思主义新闻价值观的典型特征》，《山西大学学报》（哲学社会科学版），2018 年第 6 期（有删改）

三、问题与思考及参考答案

1. 影响新闻价值取向的因素有哪些？

答：影响新闻价值取向的因素主要有：阶级立场、社会核心价值体系、新闻政策、新闻宣传价值和新闻媒体定位等。阶级立场是决定新闻价值取向的根本因素。资产阶级新闻事业的新闻价值取向是为资产阶级利益、为少数人利益服务的。社会主义新闻事业的新闻价值取向是为人民服务、为社会主义服务、为党和国家工作大局服务的。核心价值体系是一个社会意识形态的主体和灵魂，在所有价值目标中处于主导和支配地位，对社会意识形态和社会思潮具有强大的引领和整合能力。新闻价值取向和政治有着紧密的联系，其中对新闻价值取向直接发挥作用的是新闻政策和新闻宣传价值。新闻媒体的定位不同，其新闻价值取向也会有所不同，这要求新闻机构和新闻从业人员要有区别地对待各类新闻素材，才能满足受众的不同需求。

2. 在实际工作中，怎样才能把新闻价值的一般要素灵活调动起来？

答：新闻价值是事实所具有的、能满足社会与公众对新闻需要的要素的总和。社会主义新闻价值观是以马克思主义新闻观为指导，吸收西方新闻价值理论的有益成果，密切联系新闻实际工作，经过不断探索研究而逐步形成的。新闻价值的一般要素，包括新鲜性、重要性、显著性、接近性和趣味性。新鲜性一般是指事实在时间上的新近和内容上的新鲜。重要性是指事实所具有的社会意义和大多数人关注的重要程度。显著性指事实能够引起大多数人关注的程度。接近性是指事实在地理上和心理上与受众接近的程度。趣味性含义很广，指新闻事件具有新奇、反常、巧合、感染性等性质。在实际工作中，判断新闻事实是否具有新闻价值，在上述的五个要素中，新鲜性是必备的，其他要素可多可少。新闻事实所具有的要素越多，所含要素的程度越高，新闻价值就越大。新闻价值所强调的“要素的总和”，并不是各个要素的简单相加，而是根据不同的事实，针对社会与公众的不同需求做综合的衡量和判断。一则新闻内的要素重要性要分清主次，不能等量齐观。在对新闻价值要素的理解和把握上，社会主义新闻观和西方资本主义新闻观有很大区别。西方资本主义国家的商业性媒体更强调趣味性和显著性，而我国更重视重要性。这点在实际工作中，我们要加以区分。我国新闻机构和新闻从业人员必须在实际工作中考虑到新闻价值的综合使用是否有利于国家、有利于党、有利于人民，是否有利于整体大局的稳定和社会主义事业的建设。

3. 你怎么理解新闻价值的客观性?

答：(1) 新闻价值的客观性主要表现在三个方面。首先，新闻事实及价值要素是客观的。其次，社会与受众的新闻需要具有客观性。最后，社会与公众对新闻价值的检验是客观的。

(2) 新闻价值的客观性要求新闻工作者在新闻实践中，要尊重客观事实，不能凭主观意愿或屈从于某种压力，肆意歪曲新闻价值。

(3) 新闻价值存在于客观事实之中，但是对于新闻价值的认识和判断却是新闻报道者的主观行为。新闻工作者应当在正确反映客观事实的基础上，发挥主观能动性，力求实现新闻价值最大化。

(4) 新闻工作者对新闻价值的判断取决于自身的价值观和工作经验的积累，同时也基于对社会与公众的新闻需要的预估，而这种预估既有可能是正确的，也有可能存在偏差。新闻机构和新闻工作者要注意新闻价值的一般要素比重，也要注意社会与公众的需求，力争使两者最大程度地吻合。

（5）在综合判断新闻价值时，不能孤立地注意其信息价值，还应充分注意其宣传价值和文化教育价值。

4. 联系实际，谈谈你对新闻价值实现过程的看法。

答：新闻价值的实现包括发现、呈现和检验三个阶段，贯穿新闻报道全过程。

（1）新闻价值的发现首先取决于客观存在的事实。新闻价值的一般要素是衡量事实是否具有新闻价值的具体标准。发现新闻价值，必须把事实放在社会与公众需要的坐标上衡量，考察事实对社会与公众有没有意义，有没有趣味。

（2）新闻价值的呈现需要完整地实现新闻事实向新闻文本的转换。一般要经过三个步骤：准确判断各种价值要素及其相互关系；选择恰当的表现形式，制成新闻文本；寻求恰当的传播方式，展示新闻文本。新闻价值的呈现具有多样性，同样的新闻价值要素，资本主义国家的新闻媒体与社会主义国家的新闻媒体，同一国家不同新闻媒体，对其的理解和报道的侧重点都会有所不同，有时甚至还会引发价值观的冲突。对同样的新闻事件，不同的记者所呈现出来的新闻文本也是不同的。

（3）新闻价值的实现最终表现为满足社会和公众的需要，它体现在社会和公众对满足程度的评价之中。预测的新闻价值是否符合实际，最终要通过社会效果来衡量和检验。新闻价值实现的程度如何，同受众选择和接受的状况也有直接的关系。在实际工作中，要充分考虑到新闻报道的实际社会效果和受众反应。

（4）值得注意的两个问题：一是不顾及可能出现的负面效果，片面突出新闻价值中的某个或某些要素；二是对有些新闻价值要素非常明显的事实，疏于精心选择和呈现。

5. 如何坚持正确的新闻价值取向？

答：新闻价值取向是新闻价值观的重要组成部分，它所要解决的，是新闻工作者按照什么导向、标准对新闻价值进行选择、取舍和呈现的问题，表现为选择和决策过程中的倾向性。影响新闻价值取向的因素主要有：阶级立场、社会核心价值体系、新闻政策、新闻宣传价值和新闻媒体定位等。

（1）阶级立场是决定新闻价值取向的根本因素。社会主义新闻事业的新闻价值取向是为人民服务、为社会主义服务、为党和国家工作大局服务。资产阶级新闻事业的新闻价值取向是为资产阶级利益、为少数人利益服务的。

（2）社会核心价值体系在新闻价值中处于主导和支配地位，对社会意识形态和社会思潮具有强大的引领和整合能力。这就要求新闻机构和新闻工作者在新闻传播的内容上、形式上及价值取向上必须与社会核心价值体系相一致。

（3）新闻政策是国家或政党制定的新闻宣传准则和新闻工作规范。新闻政策对新闻传播活动具有很强的规范性和指导性。新闻工作者应该自觉遵守新闻政策的有关规定，维护新闻政策的严肃性。

（4）新闻媒体由于定位不一样，新闻价值取向也会有所不同。同在社会主义制度下，报纸也分为机关报与非机关报、专业报纸和综合报纸，还有行业性报纸、都市类报纸、娱乐性报纸等，它们对于新闻价值取舍的侧重点会有所区别。

（5）在实际工作中，新闻媒体要对新闻价值的选择和呈现做出准确的判断，必须坚持正确的新闻价值取向。社会主义核心价值体系是我国社会主义价值体系中最基础、最核心、最重要的部分。坚持正确的新闻价值取向，就必须坚持社会主义核心价值体系的指导，这既是新闻工作的政治原则，也是新闻工作的价值尺度。新闻工作者和新闻媒体要自觉坚持并全力实现这一正确的新闻价值取向。

四、参考书目

［英］布莱顿．新闻价值［M］．周黎明，译．北京：中国人民大学出版社，2014.

五、历年考研的相关真题

虽然没有直接考题，但就有关新闻价值这一概念延伸出来的相关题目还是不少。考生可以注意新闻价值的客观性、新闻与宣传的关系、舆论导向的问题等。

1. 结合当前我国新闻传播实践的现状，试述如何营造良好的舆论氛围。(中南财大，2008)

2. 新闻媒介与舆论导向之间的关系是什么？(河北大学，2011)

3. 简述新闻媒介与社会舆论之间的关系。(复旦大学，2007)

第四章　新闻事业

一、重要概念阐释

1. 新闻事业

新闻事业是一切新闻机构及其全部业务活动的总称。现代新闻事业包括报社、广播电台、电视台、新闻通讯社、新闻图片社、新闻杂志社、新闻纪录片电视制片厂、互联网新闻网站等新闻机构及其业务活动。广义的新闻事业还包括新闻教育和研究机构及其教学、教育和学术研究活动。

2. “软实力”

“软实力”指的是一个国家的传播力、凝聚力、影响力等。“软实力”包括文化、政治、外交三个组成部分，其中文化是其重要的核心组成部分，它表现为对一个国家核心价值观、制度架构和生活方式的文化认同。它主要是借助无形的思想文化影响发挥作用。

3. 中国社会主义新闻事业

中国社会主义新闻事业是在中华人民共和国成立以后逐步形成和发展起来的，它继承了中国共产党在长期革命战争年代形成的新闻工作的光荣传统，又体现出时代与实践的发展变化对党的新闻工作的新要求和新特点。

二、文选

社会主要矛盾的转化给新闻事业带来哪些变化，新闻工作如何满足人民不断增长的美好生活需要，这是新闻业界、学界和管理界人士应该共同深入思考和加以回答的问题。

2018 年是改革开放 40 周年这样一个重要年份。40 年来，中国的新闻传播事业持续发展。在发展过程中，若干关键节点是不能不提的。本文旨在通过对关键节点的梳理，回顾 40 年间中国新闻传播事业的发展历程。文中在对关键节点进行叙述时，往往会向前追溯和向后延伸，这是需要说明的。

第 1 个关键节点：党的十一届三中全会

此次全会于 1978 年 12 月 18—22 日举行。改革开放的起始点，是 1978 年 12 月；揭开改革开放这一巨大社会工程序幕的，是党的十一届三中全会。在这次重要会议上，中国共产党确定将工作重心转移，即由以阶级斗争为中心转向以经济建设为中心；决定恢复实事求是的思想路线；同时开启改革开放这一巨大社会工程。而在此次会议之前，关于真理标准的全国性大讨论，已从思想和理论上为这次重要会议做了相应准备。一度常用的“新的历史时期”的概念，其起始点，也应是十一届三中全会。

十一届三中全会对于新闻领域产生的影响是深刻的、全方位的。由于它包含了对“文革”进行重新评价的实质性内涵，而且大力提倡解放思想、实事求是，因此随后带来了对“文革”中的新闻实践和新闻观念的否定。新闻业界和学界人士此后所做的基础性的工作是：破除由“四人帮”设置的思想藩篱，思想认识和新闻实践重新回归到真理性的轨道上来。新闻媒体作为阶级斗争工具的功能说，理论上受批判、实践中被清算，新闻媒体具有传播信息的功能渐成共识；经济新闻得到倡导、受到重视；“假、大、空”恶劣文风受抵制；“真、短、快、活、强”的新闻作品受到推崇，新闻媒体的面貌焕然一新。

后来，邓小平适时提出必须坚持四项基本原则，为思想解放提供了“定海神针”。而党的十一届六中全会通过的《关于建国以来党的若干历史问题的决议》，则使全党在若干重要历史问题上达成了共识。这是全党全国人民共同的思想认识基础，对于新闻工作和新闻事业来说毫无疑问是极其重要的。

第 2 个关键节点：20 世纪 80 年代中期

西方传播学，在全民思想解放的大潮中被译介到中国，这是对外开放和思想解放的顺理成章的结果。离开了对外开放和思想解放，这是不可想象的。传播学以其对传播对象、传播过程、传播方法和传播效果的重视，而备受中国新闻学界和业界人士的关注，同时也给新闻学研究提供了诸多养料。当然，传播学毕竟产生于西方的社会土壤上，所以它在进入中国以后，有一个在中国的土壤上生长和发展的问题。在经过多年凝练和发展以后，传播学和新闻学共同支撑起以此命名的一级学科，这堪称是改革开放以来中国新闻学学科建设和发展过程中所取得的一大成果。

第 3 个关键节点：党的十三大

1987 年 10 月 25 日至 11 月 1 日，党的十三大举行。会上决定的几件大事都与新闻、新闻实践和新闻理论有着直接的关系。第一件大事：确认中国处于社会主义初级阶段。这有利于新闻工作者对社会大势进行准确把握，明确新闻事业所处的历史方位。第二件大事：提出了“重大情况让人民知道，重大问题经人民讨论”这一重大命题。这不仅是对人民的知情权的充分尊重，而且对人民参与国家事务管理做了明确规定。在人民共和国的历史上，这是值得大书特书的。第三件大事：提出了“舆论监督”的概念和使命。这在党的全国代表大会上乃至在党的历史上均是首次。此后，舆论监督进入了每一次党的全国代表大会的报告。舆论监督作为社会监督体系中的重要构成部分，其地位得到了充分肯定。从学理层面来说，舆论监督由此取代了批评性报道的概念，它更具有概括力，内涵也更丰富。

第 4 个关键节点：舆论导向与舆论引导

1989 年 11 月，时任党的总书记的江泽民同志在《关于党的新闻工作的几个问题》的讲话中指出，要“按照党和人民的意志、利益进行舆论导向”（《十三大以来重要文献选编》中册）。这是我党首次提出要坚持正确的舆论导向这一重要命题。这一重要命题的提出，开启了党的新闻舆论工作的新局面。如果适当做些延伸，我们可以看到：1994 年 1 月，江泽民同志提出了“以正确的舆论引导人”的重要命题（后被概括为“舆论引导”论）。1996 年 9 月，他又提出了“舆论导向正确，是党和人民之福；舆论导向错误，是党和人民之祸”。这是著名的“福祸”论。他还提出过衡量舆论导向是否正确的五条标准（衡量导向正确与否的“标准”论），对舆论引导提出了“讲求宣传艺术，提高引导水平”的要求（“引导艺术”

论）。至此，“舆论导向/舆论引导”论，形成了完整的理论体系。

第5个关键节点：邓小平1992年在南方发表重要讲话

邓小平同志在南方发表的一系列重要讲话中，关于社会主义的本质的论述，体现出重大理论创新，特别是关于资本主义也有计划、社会主义也有市场的理念，为中国内地后来确立社会主义市场经济体制提供了思想理论基础。稍后，党的十四届三中全会确定实行社会主义市场经济体制。由此，不仅实现了经济体制的巨大转变（不再以计划而是以市场作为配置资源的手段），而且引发了思想观念层次的巨变（政府和公众对于经营主体在市场上获取经济效益、同行竞争，都有了新的认识）。受众以消费者的身份获得新闻产品，对新闻产品的选择和使用有了更大自主权。新闻媒体程度不等地与市场发生联系。即使是主流媒体，也不能毫无市场意识和竞争意识。

在市场经济条件下，新闻媒体面临着许多新的考验。一是如何处理自身与受众之间的关系。处理好与受众的关系，比以往任何时候都更加重要。如何既满足受众的需要，又不断提高受众的水平，这并不是一个很容易解决的问题。一味迁就受众的需要和无视受众的正当需求，两者都有偏颇。二是如何处理经济效益与社会效益之间的关系。新闻媒体已然成为市场经营的主体，完全不讲媒体经营和经济效益是不可取的。对讲求经济效益，不能采取简单排斥的态度，而应在坚持社会效益的前提下实现两者的统一。在市场经济条件下怎样坚持新闻事业的党性原则，成为一个新的值得研究的课题。对金钱拜物教要时刻保持高度警惕，防止过分的物质利益对新闻工作者的诱惑，这是在市场经济条件下坚持新闻事业党性原则的要义。三是如何处理产业属性和意识形态属性之间的关系。在市场经济条件下，新闻媒体已不同以往，它们已经是文化产业中的重要构成部分，具有明显的产业属性特征；而另一方面，新闻媒体所生产的许多新闻产品，毫无疑问又有着一定的意识形态色彩。正因为如此，新闻媒体又具有意识形态属性。无视市场经济条件下新闻媒体所具有的产业属性，固然是不对的；但一概否认新闻媒体所具有的意识形态属性，也是偏颇之论。总之，社会主义市场经济体制的确立，既给新闻事业带来了生机和活力，同时，也使之必须面对许多新的课题（其中不少堪称难题）。

第6个关键节点：1994年中国接入互联网

接入互联网的初始阶段，网民为数不多；而今天，我国已经拥有7.72亿网民（其中绝大部分是手机网民），从一开始的单纯互联（在固定的空间中互联）到后来的移动互联（在移动状态中互联，网民随时可以接收信息和发表意见），从相对简单的传播形态到多元复杂的传播形态，新媒体变得越来越方便人使用，变得越来越利于人际交往和易于产生社会影响。如果说党的十三大是从政治层面、市场经济体制是从经济层面影响新闻舆论工作的话，那么互联网则是从技术层面对新闻舆论工作发挥了极其巨大的影响作用。

互联网对人类社会生活的影响作用与日俱增。其覆盖人数之广、自身功能之强、融合能力之大，令人叹为观止。互联网对于新闻传播业的影响，最主要的是：颠覆了原先的社会话语格局和社会舆论格局，使没有话语权或无甚话语权的特定群体抑或个体，获得了比较大的话语权，其话语在特定条件下可引起全社会关注，甚至成为舆论始发点和聚焦点。网络是民众智慧的集中之地，也是民众心声的汇聚之处。

第7个关键节点：党的十六届四中全会

2004年9月16日至19日党的十六届四中全会在北京召开，会上通过了《中共中央关于加强党的执政能力建设的决定》，该决定指出：党的执政地位不是与生俱来的，也不是一劳永逸的；对加强党的执政能力建设的重要性和紧迫性，作了前所未有的强调，并要求将此放到极其重要的位置上。而领导干部的媒介素养、与新闻媒体打交道的能力，则成为执政能力结构中的重要构成部分。提高这方面的理性自觉和消除“短板”现象，已成为领导干部的一门重要必修课。

第8个关键节点：胡锦涛考察人民日报社并发表重要讲话

2008年6月20日，时任党的总书记的胡锦涛同志到人民日报社考察工作并发表重要讲话。他的讲话有四个引人注目之处：一是提出了“利误论”：“舆论引导正确，利党利国利民；舆论引导错误，误党误国误民。”二是要求“把提高舆论引导能力放在突出位置”。这是与提高党的执政能力的要求相对应的。对于领导干部来说，舆论引导乏力、乏术，这样的问题带有一定程度的普遍性。因此，强调把提高舆论引导能力放在突出位置，具有强烈的现实针对性。三是提出新闻宣传必须坚持以人为本。这一提法是首次出现，抓住了优化新闻宣传过程中的一个根本性问题。而在这一根本性问题上，一些领导干部、新闻工作者的认识有所缺失，致使新闻传播效果不佳。四是提出要“按照新闻传播规律办事”。这是党的最高领导人首提新闻传播规律，其意义自然非同一般。新闻舆论引导要符合新闻传播规律，领导干部、新闻媒体负责人和广大新闻工作者，逐渐增强了遵循规律的自觉意识。

第 9 个关键节点：党的十八大

党的十八大开启了中国特色社会主义新时代。十八大以来，中国共产党带领全国人民在为实现“两个一百年”宏伟目标而奋斗、通过全面深化改革使全体人民享受改革红利、推进依法治国的进程、处理国内主要矛盾、从严治党及与党内腐败现象做斗争、卓有成效地展开意识形态工作等方面，都体现出鲜明的新时代特色。

在党的十八大至十九大之间的五年中，习近平总书记就意识形态工作进行全面布局，发表了系列重要讲话。他提出了如下重大命题：

其一，“党性和人民性从来都是一致的、统一的”（2013 年的“8 · 19”讲话）。在理论建设和匡正误识两个方面同时显现出其重要意义。长期以来，主流语境中讳言人民性，对党性及党性与人民性之间的关系认识上存在一定的偏颇。习近平总书记的重要论述，引导我们通过把握党性和人民性的关系来更准确、更深刻地理解党性。

其二，“做好舆论引导工作，一定要把握好时、度、效”（2013 年的“8 · 19”讲话）。“时、度、效”，辞约义丰。“时”，既是指时效，也是指时机和时宜；“度”，适度，超越了“度”为过度，而过犹不及；“度”也是由量变到质变的临界点；舆论引导中的“度”，涉及对程度和分寸的精准把握；“效”是效果，是舆论引导的目的所在。把握好“时、度、效”，是舆论引导的最高境界。

其三，媒体融合（2014 年 8 月 18 日讲话）。在是日举行的中央全面深化改革领导小组第四次会议上的讲话中，习近平总书记指明了“媒体融合”的方向。由此，“媒体融合”上升到了国家战略层面。主流媒体要在媒体融合中当主动者，要在内容、渠道、平台、经营、管理等方面实现与新兴媒体的深度融合。这是在“很多人特别是年轻人基本不看主流媒体”的情势下的有效应对之举，更是推动主流媒体转型、创新、发展的重大战略举措。

其四，“高举旗帜、引领导向”“新闻舆论工作各个方面、各个环节都要坚持正确舆论导向”（2016 年“2・19”讲话）。在坚持正确的舆论导向的过程中，要充分发挥马克思主义这一伟大思想力量的作用。高举马克思主义的旗帜，以之引领导向，是导向始终正确的必备前提和根本保证。不因传播媒体、报道方式、传播形态、传播对象的不同而在“讲导向”问题上容许存在差别，更不能在某些方面降低标准甚至出现“讲导向”留空白现象。

其五，必须遵循规律（2014 年 8 月 18 日讲话）。在此次讲话中，习近平总书记要求遵循新闻传播规律和新兴媒体发展规律；在另一些场合，他还要求遵循新闻舆论的传播规律、网络传播规律。如果做一番追溯，我们可以看到：1989 年，早在福建宁德担任地委书记时，他就非常重视新闻工作的规律性，做过“既要强调新闻工作的党性，又不可忽视新闻工作自身的规律性”这样的表述。可见习近平总书记对新闻传播规律的重视是一以贯之的。

其六，“舆论监督和正面宣传是统一的”（2016 年“2・19”讲话）。习近平总书记在提出这一观点后，论述说：新闻媒体要直面工作中存在的问题，直面社会丑恶现象，激浊扬清、针砭时弊，同时发表批评性报道时要事实准确、分析客观。笔者认为，绝对排斥舆论监督是没有道理的。建设性的舆论监督和有水平的正面宣传，都以对受众产生积极的精神影响和心理影响为旨归。实际上，舆论监督和正面宣传是相辅相成的，前者是舆论引导的另一种方式，两者完全可以殊途同归。前者和后者各有自己的存在价值，都不可或缺，也都不可互相排斥和互相取代。它们应该而且可以统一于“以正确的舆论引导人”的大目标之下。

其七，“加强国际传播能力建设”（2016 年“2・19”讲话）。习近平总书记要求，增强国际话语权，集中讲好中国故事，同时优化战略布局，着力打造具有较强国际影响的外宣旗舰媒体。增强国际话语权是目标，在这一方面要与国家在国际上的地位相匹配。“讲好中国故事”，既是传播的理念，也是传播的策略，还涉及传播的话语体系。所有这些，都可以用“加强国际传播能力建设”来概括。

其八，“党的新闻舆论工作必须创新”（2016年“2·19”讲话）。要“创新理念、内容、体裁、形式、方法、手段、业态、体制、机制，增强针对性和实效性。要适应分众化、差异化传播趋势，加快构建舆论引导新格局”。唯有创新，才能摆脱困境，才能增强党的新闻舆论工作的生气和活力，才能有效提高新闻舆论的传播力、引导力、影响力、公信力，才能吸引受众并得到他们的心理认同。

其九，对新闻队伍建设和人才培养提出高标准和高要求（2016年“2·19”讲话）。队伍建设的目标是：政治坚定、业务精湛、作风优良、党和人民放心。对新闻舆论工作者的要求是：解决好“为了谁、依靠谁、我是谁”这个根本问题；成为专家型、全媒型人才；转作风、改文风，俯下身、沉下心、察实情、说实话、动真情，努力推出有思想、有温度、有品质的作品。习总书记提出的这些要求，既有高度又很具体，既指明方向又指明路径。

第十个关键节点：党的十九大

党的十九大正式确立了习近平新时代中国特色社会主义思想在党内的指导地位。这一思想，统领了全党全国各个方面的工作，习近平新闻思想，是上述整个思想体系中的一个重要组成部分。

党的十九大报告对未来的各项工作进行了具有战略高度的精心部署。报告中关于社会主要矛盾转化的论述、关于始终把人民利益摆在至高无上的地位的论述、关于治国理政方略的论述，对新闻舆论工作有着重大指导意义。报告要求：“高度重视传播手段建设和创新，提高新闻舆论传播力、引导力、影响力、公信力。”这更是对新闻舆论工作的明确要求。

社会主要矛盾的转化给新闻事业带来哪些变化，新闻工作如何满足人民不断增长的美好生活需要，这是新闻业界、学界和管理界人士应该共同深入思考和加以回答的问题。笔者认为：新闻舆论工作满足人民不断增长的美好生活需要，就必须更加尊重人民的知情权，更好地为受众提供优质的信息服务，更多地为时代提供有深度的思想，更努力地以人民群众喜闻乐见的方式进行新闻舆论传播。

“始终把人民利益摆在至高无上的地位”，是对各项工作提出的要求（是以人民为中心的工作导向的合乎逻辑的发展），当然也是对新闻舆论工作提出的要求。以至高无上的人民利益为出发点和归宿，新闻舆论工作必须如此。

“高度重视传播手段建设和创新，提高新闻舆论传播力、引导力、影响力、公信力”，是对新闻舆论工作的刚性要求。在这里，传播手段建设和创新是提高新闻舆论传播力、引导力、影响力、公信力的必由之路，而后者则是前者所要实现的目标。无论是前者还是后者，都还有很长的路要走。

——摘自：丁柏铨《中国新闻传播事业40年发展中的10个关键节点——写在纪念改革开放40周年之时》，《新闻与写作》，2018年第8期（有删改）

中国新闻事业的发展得益于中国人民群众的劳动创造，这既是历史唯物主义的根本旨趣，也是中国新闻事业现代化发展的基础性力量。但值得注意的是，在中国新闻事业以马克思主义新闻思想作为指导理论的同时，我们新闻事业的发展以及引领中国人民走向社会主义道路的进程上，无论就其社会经济、文化和政治方面，必须找到符合新闻发展的一般规律，必须找到符合中国特色社会主义建设现实情况的新闻事业建设途径。这就是说，中国特色社会主义新闻事业的发展步伐，以及通过新闻报道来指引党和人民走向共产主义的精神支撑方面，马克思主义新闻思想必须做出积极的回应和解答。

进一步而言，在现代世界的背景中来讨论中国新闻事业的发展，我们必须清醒认识马克思和恩格斯揭示出来的现代世界的本质特征，即资产阶级与无产阶级的深刻对立，以及在此基础上形成的经济、文化和政治表现形式。因为，当人类还在以劳动力作为商品出卖自己从而获取物质财富的时候，当现代世界还是以商品价值交换来充当人的自由、平等、独立等等这些观念的基础的时候，甚至当人的异化，包括肉体和精神的异化还日益加深的时候，我们对现代世界的定位必然是以资本主义为根本指向。中国社会在当今的发展无论多么的成功以及达到了多么富裕的程度，这都改变不了资本主义在当今世界依然具有效力这个事实。所以说，中国新闻事业的未来道路还不是一帆风顺，它的进一步发展还需要我们从马克思主义新闻思想中找到合理发展的途径以及方法。那么。具体来说，对于中国新闻事业未来的发展道路，笔者认为需要领会以下三点内容，并以此作为当今中国新事业发展的指导原则和方针路线：

首先，以辩证唯物主义为根本理论指导，发扬马克思主义新闻观中辩证分析社会现实的特质，使中国新闻事业客观地报道中国的社会现实。从中国改革开放的进程中来看，允许非公有制经济的存在与发展是理解中国特色社会主义道路的关键，非公有制经济在中国的现代化建设上起到了巨大的作用，这是不争的事实。但是，非公有制经济属于是以雇佣劳动为条件的经济。这就要求中国的新闻事业要辩证地对待非公有制经济，要在新闻报道中看到非公有制经济对中国现代化建设的积极作用和负面影响，从而客观地评价非公有制经济的历史地位，“他们必须随时注意斗争条件的变化，了解周围群众对事件的看法，以便更加切合实际地阐述党的纲领。”如此一来，中国的新闻事业才能够不脱离当今的中国现实，以客观公正的态度来评价公有制经济和非公有制经济，从而在社会舆论上为非公有制经济的发展做出积极的舆论保证。

其次，把辩证分析方法运用到当今中国社会出现的复杂问题上，让中国的新闻工作者以辩证的分析方法来报道中国的社会问题，为党制定正确的方针和政策提供智力支撑。可以看到，随着改革开放的不断深化，以及中国目前出现的越来越多的社会问题，这都需要新闻工作者对其进行报道。但是，中国的新闻工作者对中国社会问题的报道，并不是不尊重规律的报道、不遵循原则的报道，而是要在深刻领会马克思主义新闻观特质的前提下的报道，是在矛盾对立统一中来真实地报道。对此，列宁指出，“辩证法要求从相互关系的具体的发展中来全面地估计这种关系，而不是东抽一点，西抽一点。”这即是说，作为中国特色社会主义新闻工作者，必须掌握辩证分析这一正确的方法，对社会问题首先进行一分为二的分析，并找到主要矛盾和矛盾的主要方面，进而在具体问题具体分析的前提下，考虑如何客观、真实地报道社会问题。这样一来，我们的新闻报闻报道就会以理服人，成为人民群众认可和相信的传播平台。

最后，中国的新闻事业必须肩负起从社会舆论和思想观念上抵制资本主义的恶意攻击，并为中国特色社会主义道路保驾护航。辩证地分析社会问题，并不是没有原则和立场地分析社会问题。马克思和恩格斯当年就告诉我们，无产阶级与资产阶级的对立，以及资产阶级对无产阶级的压迫是历史发展的必然，尤其是在中国不断繁荣发展的今天，资产阶级对中国社会主义的诋毁达到了前所未有的高度。这样的客观情况决定中国新闻事业必须保持坚定的政治原则，以中国共产党的指导思想为新闻报道的过滤器，客观分析与评价中国与资本主义国家的对立统一关系，进而在客观报道中国社会问题的同时，把舆论导向、精神风向和社会意识统领在中国共产党的指导思想当中。正如马克思所说，“只有在人民报刊的各个分子都有可能毫无障碍地、独立自主地各向一面发展，并各成一行的条件下，真正‘好的’人民报刊，即和谐地融合了人民精神的一切真正要素的人民报刊才能形成。”做到了这一点，中国特色社会主义事业才能够在中国新闻事业的保驾护航中平稳发展。所以，中国的新闻事业以及新闻工作者应当努力学习辩证唯物主义，尤其是辩证分析问题的方法，从思想上首先树立科学的世界观和方法论，让报刊充分体现出“真正的精神”，才能够使中国的新闻事业不被资本主义意识形态所左右，并不断发挥出对中国特色社会主义现代化建设的积极推动作用。

总之，中国特色社会主义新闻事业的发展道路，不是我们凭空想象出来对中国社会的一般性事实报道；相反，中国特色社会主义新闻事业的发展必须根植于中国历史的发展过程。在这一点上，习近平指出，“在全面对外开放的条件下做宣传思想工作，一项重要任务是引导人们更加全面客观地认识当代中国、看待外部世界。”这种认识来源于辩证唯物主义对资本主义社会发展过程的正确揭示，也来源于历史唯物主义对社会未来发展的科学展望。在这里，揭示与展望是内在地统一在一起的，这两者之间不能够分割来看。马克思主义新闻观对资本主义意识形态虚假性的揭示，就是从报刊等载体上指明资本主义社会发展的矛盾和规律，而对共产主义社会的展望是基于对社会历史发展规律的深刻洞察为条件形成的。因此，从中国现代化历史性实践的成功经验来看，马克思主义新闻观在今天以及以后不仅能够作为中国特色社会主义新闻事业进一步发展的指导思想，而且还将在中国现代化道路遭资本主义意识形态污蔑的时候，成为抵制西方资本主义意识形态的有力舆论武器，并进一步保证中国特色社会主义道路顺利展开。

——摘自：石大东《从〈共产党宣言〉看马克思主义新闻观的特质与意义》，《新闻大学》，2017 年第 1 期

软实力理论的首创者约瑟夫·奈（以下简称“奈”）认为，一国科学技术的发展水平以及教育和文化的增长水平愈加成为衡量该国综合国力、国际影响力的重要因素。相比之下，地理、人口和原料的重要性开始下降。相对于依托引诱（胡萝卜）或者威胁（大棒）等命令性权力对目标进行威逼利诱的硬实力，拥有软实力意味着一国拥有同化性权力和吸引力，可以塑造需求并能让其他国家以该国想要的方式思考问题、进行决策。奈还指出，软实力和硬实力对于衡量一个国家的综合国力来说是一样重要的，他反对对军事等硬实力过度强调的单边主义，因为这会削弱该国软实力发展水平。按照奈的界定，软实力与一个国家所具有的类似文化、意识形态、体制等无形资源相关，它主要包括三个方面的内容：“文化（在其能发挥魅力的地方），政治价值观（当这个国家在国内外努力实践这些价值观时）及外交政策（当政策被认为合法且具有道德威信时）”。

其实早在约瑟夫·奈之前，西方马克思主义的先驱安东尼奥·葛兰西（Antonio Gramsci）就在对著名的霸权理论的阐发中提出过类似的观点。在葛兰西看来，一个国家的实力与该国通过设定舆论议程和决定争议框架来影响他人的能力，以及诸如有吸引力的文化、意识形态、机构等无形的力量资源紧密相关。约瑟夫·奈正是在葛兰西上述观点的基础上，提出“软实力是这种基于塑造他人的政治议程设置的能力”的论点。

对于将马克思主义奉为主流政治价值观的中国来说，如何在运用“软实力”概念实现国家形象建设和主流价值观对外推广的同时，避免掉入约瑟夫·奈的西方中心主义预设，是一个严肃而重要的问题。约瑟夫·奈的软实力理论实际上建基于新自由主义意识形态，其提出的一系列战略和政策建议也是以建立“超级大国为主导的全球一体化”为价值前提的。美国式的新自由主义在话语层面主张“商品、服务、资本、货币的跨国自由流

动”，但在实际操作中却是以政府补贴、非关税壁垒以及贸易保护主义为外在形式的。美国总统特朗普（Donald Trump）于美国时间2018年3月22日宣布对价值600亿美元的中国产品加征关税，这就是上述西方标准的最好例证。因此，约瑟夫·奈的软实力理论表面上看是一套“科学的”、带有平等主义色彩的国家实力评价体系，但实际上它所吁求的是令源于殖民主义和冷战时期的美国中心在全球化时代得以延续。

在西方国家主导的全球大国软实力评价体系中，中国的排名时高时低，但总体不佳。中国的软实力表现或被视为一种潜在的威胁，或被建构为一种结构性的畸形或欠缺。例如，波特兰公关公司在2017年测算全球软实力30强排名时，使用文化、数字化、教育、外交、企业、政府这6个主要的指标，以及美食、技术产品等6个经投票选出的指标进行数理统计，得出中国以50.50分在全球软实力30强中排名25的结论。有研究者指出，其实这些测量指标通常都是鲜明的西方标准，并不客观，例如其中有“主要机构在脸书（Facebook）上的关注人数”这一指标，就完全忽略了非西方国家本土社交软件的使用习惯问题。

在中国的国家发展层面，软实力建设始终受到我国的高度重视。中共十九大报告中三次提到软实力。一是在“过去五年的工作和历史性变革”中，提到我国“思想文化建设取得重大进展……国家文化软实力和中华文化影响力大幅提升，全党全社会思想上的团结统一更加巩固”；二是对未来的预期，“从2020年到2035年，在全面建成小康社会的基础上，再奋斗十五年，基本实现社会主义现代化……社会文明程度达到新的高度，国家文化软实力显著增强，中华文化影响更加广泛深入”；三是在“坚定文化自信，推动社会主义文化繁荣兴盛”一章中提到要“加强中外人文交流，以我为主、兼收并蓄。推进国际传播能力建设，讲好中国故事，展现真实、立体、全面的中国，提高国家文化软实力”。

我国对软实力的重视，超出了“与西方国家展开竞争”这一狭隘的认知范畴，提升国家软实力被视为维持中国稳定、强化中华民族自信心、提高国民幸福指数的必要之举。因此，有学者指出：“研究软实力主要是解决国内问题而不是国际问题。”这也就决定了当我们在使用软实力这一概念引导甚至构建国家的传播体系时，应当努力回归马克思主义的传统，实现本土化创新，使国家的软实力建设符合中国文化自身的发展及变革规律，真正实现对国家形象和国民生活的同步提升。

——摘自：常江，石谷岩《视听传播与国家软实力提升：观念、路径、方法》，《新闻与写作》，2018 年第 5 期（有删改）

三、问题与思考及参考答案

1. 决定新闻事业产生和发展的基本条件是什么？

答：新闻事业作为一种社会事业是适应商品经济发展的需要产生的，社会生产力和科技文化的进步决定了新闻事业发展的水平，而社会和阶级的需要决定了新闻事业的基本属性。

2. 如何理解新闻事业是一定社会的经济基础通过新闻手段的反映？

答：新闻事业作为上层建筑的一部分，它产生于一定社会的经济基础，是一定社会的经济基础通过新闻手段的反映，同时它又反作用于这一经济基础，并为这一经济基础服务，成为特定主体不可或缺的信息媒介和舆论工具。

因此，在阶级社会中，新闻事业同其他上层建筑一样是从属于一定阶级的，不是从属于这一阶级，就是从属于那一阶级，所谓“超阶级”的新闻事业，在当今世界是不存在的。

资本主义国家的新闻事业，是由资本主义私有制这个经济基础决定的，它反应和代表的是资产阶级的利益和意志，维护的是资本主义制度。社会主义国家的新闻事业，是由社会主义经济基础决定的，反映和代表的是最广大人民群众的利益和意志，维护的是人民当家做主的社会主义制度。

3. 新闻事业有哪些基本功能？

答：（1）传播信息，报道新闻。人们之所以需要新闻事业，主要是为了从中获取与自身利益相关的各种新闻与信息，而新闻事业之所以能够存在和发展，能够为社会与公众所接受和喜欢，也正在于它具有作为“信息媒介”的特指——传播信息和报道新闻。这是新闻事业最基本和最主要的功能，是新闻事业发挥其他功能和作用的基础条件。

（2）反映舆论，引导舆论。新闻事业是一种舆论工具，具有反映舆论、表达舆论、影响舆论和引导舆论的功能，新闻事业广泛的社会影响力，主要是通过它的舆论功能体现出来的。作为社会调节的一种形式，新闻事业反映和表达舆论可以使社情民意及时上达，而影响和引导舆论则体现了新闻事业控制者、管理者和传播者的意图，将社会舆论引向有利于自身利益的方向，这是一个相互联系的过程。

（3）服务受众，服务社会。新闻事业的社会服务功能主要通过四种形式进行体现：第一，传播知识，普及教育；第二，倡导文明，宣扬道德；第三，刊登广告，服务生活；第四，提供娱乐，丰富生活。

4. 如何理解社会主义新闻事业的性质？

答：（1）社会主义新闻事业是社会主义事业的重要组成部分。我国新闻机构实行的是全民所有制，其资产归全体人民利益的代表者国家所有。人民是国家的主人，也是新闻事业的主人，新闻机构通常由国家或地方有关单位和部门创办，是人民的事业。我国新闻事业历来都是党和国家整个事业的重要组成部分，是中国特色社会主义事业的重要组成部分。

（2）社会主义新闻是党、政府和人民的耳目喉舌。在我国，新闻事业坚持以马克思主义为指导思想，充分反映党的主张、国家意志和人民利益。新闻事业既是党和政府了解基层情况和社情民意的重要手段，也是党和政府宣传贯彻其纲领路线、方针政策，进行思想政治教育、组织经济建设和服务社会的重要手段。它通过传播新闻、引导舆论和提供多方面的社会服务等形式，为全面建成小康社会、实现社会主义现代化的宏伟目标发挥舆论宣传作用。

（3）社会主义新闻是动员和组织群众的重要舆论工具。社会主义新闻事业是动员和组织群众投身社会主义建设的舆论工具，是党和政府开展新闻宣传的主阵地，是舆论引导的中坚力量。新闻媒体是思想文化传播的重要载体，是弘扬社会主义核心价值体系的重要渠道。我国的新闻事业一方面要积极、准确、生动地向群众宣传党的路线方针政策，并且最迅速、最广泛地将其贯彻到群众中去，变为群众的自觉行动。另一方面，又要及时反映党的路线方针政策在人民群众中贯彻执行的情况和问题，反映群众的感受、情绪和愿望，表达他们的呼声、意见和要求，以使党的路线方针政策能够进一步丰富、发展和完善。

5. 我国新闻事业的主要任务有哪些？

答：（1）推动经济发展。我国社会主义新闻事业作为党、政府和人民的舆论工具，为社会主义经济发展服务始终是首要任务。

（2）引导人民思想。在信息多样化和文化多元化的时代，新闻媒体作为重要的舆论工具，在意识形态领域担负着思想引领和舆论引导的重要任务。

（3）培育社会风尚。新闻事业承担着建设社会主义先进文化、引领社会风尚、丰富人们精神生活、促进社会主义精神文明建设的重要使命。

（4）促进社会和谐。社会和谐是中国特色社会主义的本质特征，也是建设富强、民主、文明、和谐的社会主义现代化国家的内在要求。

6. 中国特色社会主义新闻事业的形成和发展经历了怎样的历程？

答：（1）中国社会主义新闻事业发端于中国共产党创办的报刊，最早是随着俄国十月革命的胜利在中国五四运动时期诞生的。1920 年 9 月，《新青年》由民主主义刊物改组成为中共上海发起组的社会主义刊物，成为中国革命新闻事业诞生的标志。

由于中国革命的特点是武装的革命反对武装的反革命，党的新闻事业长期和武装斗争相联系，在极其艰苦的物质条件和极其残酷的武装斗争中，推动了革命事业的胜利。在这一过程中，新闻事业自身也得到了很大的发展，逐渐成为强大的社会舆论力量。

（2）中华人民共和国成立后，我国社会主义新闻事业得到了长足发展。从 1949 年中华人民共和国成立到 1956 年底基本完成社会主义改造，是中国共产党领导的新中国社会主义新闻事业创建和初步发展的时期。

这一时期的社会主义新闻事业，积极正确地报道宣传国民经济恢复和过渡时期的总路线，指导推进了各项工作，团结教育了人民，得到广大群众的信赖和支持。新闻业务不断发展进步，积累了新鲜经验，继承发扬了党和人民新闻事业联系实际、联系群众、开展批评和自我批评等优良传统。

（3）1957 年的反右派斗争扩大化、1958 年的“大跃进”和 1959 年的“反右倾”等一系列政治运动，使我国社会主义新闻事业经历了曲折。此后，1966年至1976年延续十年的“文化大革命”，更使我国社会主义新闻事业遭到严重摧残。

（4）党的十一届三中全会以后，中国共产党坚持解放思想、实事求是，纠正了“左”的错误指导思想，将党和国家的工作重心由“以阶级斗争为纲”转移到经济建设上来，开创了中国特色社会主义事业发展的新时期。我国新闻事业适应改革开放和发展社会主义市场经济的要求，从社会主义初级阶段的实际出发，根植于改革开放和现代化建设的实践，在改革创新中不断发展壮大。

党报党刊、通讯社、广播电台、电视台等主阵地巩固，主渠道畅通；都市类报刊发挥独特优势，展现新鲜活力；重点新闻网站影响不断扩大，发展势头良好，新闻舆论阵地建设取得了显著成效。

四、参考书目

1. 方汉奇．中国新闻事业通史［M］．北京：中国人民大学出版社，1992.

2. 李希光．舆论引导力与文化软实力［M］．长沙：湖南大学出版社，2013.

五、历年考研的相关真题

1. 简析“全球性市场经济的发展，是推动近代新闻传播业发展之基本动力。如果没有现代世界市场和世界交往，近代新闻传播业是不可想象的”。（中国人民大学，2018）

2. 史论结合，简述新闻事业的产生和发展条件。（云南大学，2018）

3. 新闻事业发展的一般规律。（河北大学，2017）

第五章　新闻工作的党性原则和基本方针

一、重要概念阐释

1. 党性

党性是阶级性的集中体现和最高表现形式。马克思主义认为，党性是在阶级斗争进入高度发展的阶段即政党斗争阶段时，适应斗争的需要产生和发展起来的。

2. 新闻工作的党性

新闻工作的党性指的是新闻媒体和新闻工作者在从事新闻活动时所表现出来的阶级属性和政党立场，是一种普遍存在的社会现象。

3. 党性原则

党性原则就是政党在进行阶级斗争时要求所属各级组织和全体党员必须遵守的行为准则。

4. 新闻工作的党性原则

新闻工作的党性原则指的是新闻媒体和新闻工作者在从事新闻活动时必须遵守所属阶级或政党所规定的各项行为准则。

5. “三贴近”

“三贴近”指贴近实际、贴近生活、贴近群众，三者之间既有区别又相互联系，是一个完整的统一体。“三贴近”是中国共产党宣传思想工作的重要原则，也是新闻工作必须长期坚持的基本方针，继承了我国新闻工作密切联系实际、联系群众、相信和依靠群众的优良传统，体现了社会主义新闻工作的本质要求，指明了加强和改进新闻工作的有效途径，是对马克思主义新闻观的新发展。

6. 正面宣传

正面宣传也称正面报道。以正面宣传为主的方针，是指新闻报道要及时准确地宣传党的路线、方针、政策，宣传改革开放和现代化建设的成就，实事求是地反映社会现实生活的主流，让人民群众用创造新生活的业绩教育自己，形成鼓舞人们前进的巨大精神力量。

二、文选

党性和人民性概念的提出并非始于今天，历史上，革命导师和我们党的领导人，都曾经就党性和人民性问题做过论述。

党性是一个政党固有的本质特性，不同阶级的政党有不同的党性。作为马克思主义政党，中国共产党的党性，是中国工人阶级和劳动人民意志和利益的集中表现。社会主义新闻事业的党性原则，是共产党的党性在新闻宣传工作中的具体表现。

无产阶级新闻事业党性的提出和阐发，始于马克思和恩格斯。1847年，他们指导的第一个无产阶级政党——共产主义者同盟的非正式机关报《德意志—布鲁塞尔报》，在给读者的公开信中就明确表示：它是一份彻头彻尾的党派性报纸，如果有人认为它应该是无党派性的，那是对它最大的侮辱。这里用的“党派性”，实质上指的就是该报应有的党性。

最早明确界定党性概念的是列宁。1895 年，他在《民粹主义的经济内容及其在司徒卢威先生的书中受到的批评》中指出，“唯物主义本身包含有所谓的党性，要求在对事变做出任何估计时都必须直率而公开地站到一定社会集团的立场上。”1905 年，列宁在《党的组织和党的出版物》一文中把“党性”概念进一步具体化了，明确界定了“党的出版物的原则”，指出，“写作事业应当成为无产阶级总的事业的一部分，成为由全体工人阶级的整个觉悟的先锋队所开动的一部巨大的社会民主主义机器的‘齿轮和螺丝钉’。”列宁的论述旨在说明，党的报刊是党的事业的一部分；党的报刊一分钟也不能站在党的队伍之外，不同党保持组织上的关系的党的报刊一律不得存在；党的报刊既是进行宣传鼓动党的思想的中心，又是建党和巩固党的组织中心；党的报刊不得滥用职权，执行不完全是党的政策。

由此可见，新闻事业的党性，就是政党主办或领导的报刊社、电台、电视台、通讯社等新闻机构及新闻从业人员在新闻活动中对本阶级意志的贯彻和体现。

坚持新闻事业的人民性，同样也是无产阶级和社会主义新闻事业的传统人民性这个概念，是马克思首先于1842年4月在《莱茵报》编辑部工作时提出来的。他指出，“自由出版物的人民性……它的历史个性以及那种赋予它以独特性质并使它表现一定的人民精神的东西，——这一切对诸侯等级的辩论人说来都是不合心意的”。1843年1月，马克思在《〈莱比锡总汇报〉在普鲁士邦境内的查禁》一文中说：报刊应该是人民“日常思想和感情的表达者”，“生活在人民当中，它真诚地和人民共患难、同甘苦、齐爱憎”。马克思认为，报刊应该是人民的喉舌，是人民精神大声表达出来的日常政治思想，是人民及其政党学说的公开表露。就报刊存在和发展的动力来说，报刊通过对事实的真实报道得到人民的信任和支持，而人民的信任和支持，是报刊赖以生存的条件。提出并践行报刊的人民性，是马克思在这一时期报刊思想及其活动的精华。他对人民性的经典阐释，到今天仍然具有振聋发聩的意义。

学习革命导师的论述，可以明显看出，他们所指的新闻事业的党性和人民性是一致的。无产阶级政党主办的报刊或其他新闻机构在新闻活动及其报道中要贯彻和体现无产阶级及其先锋队共产党的意志；这种贯彻和体现，理所当然地包括用新闻手段反映人民精神，报道人民创造历史的伟大实践，表达人民的意见、要求和愿望。党性和人民性融合、统一在党的新闻机构全部活动的实践中。

……

在党的新闻事业发展史上，曾经有过三次关于党性和人民性问题的讨论。

早在1947年，针对国民党挑起的内战，在重庆出版的党中央机关报《新华日报》就以宣示人民性来彰显其代表中国最广大人民利益的政治立场。当年1月11日，《新华日报》发表《检讨与勉励》一文指出：“固然，新华日报是中国共产党的机关报，它的言论主张和新闻报道，是不能违反中共的整个路线、纲领和政策的。但是，由于中国共产党是一个人民的政党，它代表的是中国最广大人民的利益，它的一切政策是完全从人民的利益出发的。这就是说，新华日报是一张党报，也就是一张人民的报，新华日报的党性，也就是它的人民性。新华日报的最高度的党性，就是它应该最大限度地反映人民的生活和斗争，最大限度地反映人民的呼声和感情、思想和行动。”这段话表明，《新华日报》所主张的党报的党性，表现为始终不渝地为人民服务，代表着中国最广大人民的利益。也就是说，人民性已经包含在党性之中，人民性并没有什么特殊的含义。这是党的新闻史上第一次公开申明党性和人民性是一致的。

第二次论及党性和人民性的关系是在1956年。这一年的7月1日，《人民日报》改版，党中央明确批示：“《人民日报》应该强调它是党中央的机关报又是人民的报纸。”《人民日报》在《改进社论的意见》中说，“关心人、关心群众生活是我们党进行一切工作必须经常注意的问题，当然也应该成为我们党报经常注意的问题。但是我们长期忽视了这个问题……我们报纸的党性、人民性的特点就被忽视了。”《人民日报》此时提出人民性，反思了自己在宣传报道中忽视群众生活、不尊重群众的问题，以人民性凸显出党报在报道思想和报道方式上的重大转变，即要从过去偏重做“党的工具”“党的喉舌”到强调同时做“人民的喉舌”“人民的公共武器”“社会的言论机关”。着眼于党性和人民性的统一，改版后的《人民日报》报道内容更加贴近群众和社会生活，文风也有了很大改观，取得了很好的社会效果。

第三次论及党性和人民性问题，是在20世纪80年代前后，并引发了较为激烈的争论。新闻界有些人提出“人民性高于党性”等错误观点，引起了部分人的思想混乱。还有一些人以“人民性”为旗号否定社会主义新闻事业的党性原则，反对新闻事业是党的喉舌的性质，企图摆脱党对新闻事业的领导，改变社会主义新闻事业的性质。这一时期，“人民性”被一些人偷梁换柱或曲解使用，产生了消极甚至破坏性的后果。这些人所说的“人民性”已经背离了人民性的本质，实质上是以人民的名义做着有损党和人民利益的事，在政治立场上完全站到了党和人民的对立面。邓小平同志1983年10月在党的十二届二中全会上的讲话中，严肃批评有些同志“在党性和人民性的问题上提出违反马克思主义的说法”。此后的很长一段时间内，报刊上很少提及人民性问题。

党的新闻史上，有关党性和人民性问题的前两次讨论，对于党领导的新闻事业及其工作的顺利开展，对于人们正确理解、认识党性和人民性的关系都起到了积极作用。但是，在第三次争论中，鉴于“人民性”被一些人曲解或恶意使用所产生的消极影响，使得在此后很长一段时间内，人民性成了一个十分复杂而敏感的话题，以至于人们对其讳莫如深。

回顾我们党的新闻史上三次关于党性和人民性关系的表述和讨论，可以得出两点结论：第一，我们党坚持党性和人民性一致的立场是一贯的，不论是在战争年代、建设时期，还是在改革开放时期，坚持这种统一观始终如一；第二，尽管在一段时期内，人民性的概念被一些人注入了模糊的、错误的解释，但这不是人民性概念本身的过错，我们要做的工作是正本清源，还人民性以本来的面目，从而进一步坚定在党性和人民性问题上的统一观。

——摘自：王冰洋、李康乐《党性和人民性关系问题溯源》，《新闻战线》，2014 年第 5 期（有删改）

习近平对党报的“党性和人民性”最近 30 多年来被禁止使用的这段复杂而敏感的历史，是清楚的。他在“8 · 19”讲话中重新并提党性、人民性，重申“党性和人民性从来都是一致的、统一的”，打破了我国新闻宣传领域30 多年来人为制造的一个禁区，无论在党的理论建设上还是现实的宣传实践上，都具有重大意义。

（一）党性和人民性的内涵

习近平对党性、人民性的内涵做了明确的论证。如何才叫坚持党性？他的定义是：“坚持党性，核心就是坚持正确政治方向，站稳政治立场，坚定宣传党的理论和路线方针政策，坚定宣传中央重大工作部署，坚定宣传中央关于形势的重大分析判断，坚决同党中央保持高度一致，坚决维护中央权威。”他强调宣传党中央的精神，接连使用四个“中央”概念，要求宣传中央的部署和形势判断。这说明，党内存在没有宣传中央的部署和形势判断、没有维护中央权威的情形。习近平虽然没有直接列举事例，但从用词和表达的气势都可以看出，他对党的十八大召开以前和召开后的一段时间内，党领导的新闻和宣传领域出现的没有坚持党性，甚至公开与党中央的方针政策对抗的种种行为进行了反击，提出了严厉的警告。

2016年2月19日习近平在党的新闻舆论工作座谈会的讲话（以下简称“2·19”讲话），进一步论证了新闻和舆论工作的党性，他说：“坚持党性原则，最根本的是坚持党对新闻舆论工作的领导。党和政府主办的媒体是党和政府的宣传阵地，必须姓党。党的新闻舆论媒体的所有工作，都要体现党的意志、反映党的主张，维护党中央权威。”这次讲话的核心观点与“8·19”讲话是相同的，但表达略有侧重，要求在思想上真正体现党的意志、反映党的主张，维护党中央权威。因为新闻宣传领域公开与党中央方针政策对抗的情形减少了，表现为变相的对抗和反做。例如以护党的名义传播谬误，制造社会危机。

关于人民性，习近平说：“坚持人民性，就是要把实现好、维护好、发展好最广大人民根本利益作为出发点和落脚点，坚持以民为本、以人为本。”习近平所以要这样论述，是因为他充分意识到党根基于人民的道理。因而，他在“8·19”讲话中提出“树立以人民为中心的工作导向”；在“2·19”讲话中，再次重申“坚持以人民为中心的工作导向”；在2016年4月19日关于网络工作的讲话中，要求“网信事业要发展，必须贯彻以人民为中心的发展思想”。2016年7月1日，在庆祝中国共产党成立95周年的大会上，习近平以“坚持不忘初心、继续前进”的论证框架，详尽而全面地论证了党与人民的血肉关系，为他在2013年重新提出“党性和人民性相统一”提供了丰富的理论。他说：“全党同志要把人民放在心中最高位置”，“把人民拥护不拥护、赞成不赞成、高兴不高兴、答应不答应作为衡量一切工作得失的根本标准，使我们党始终拥有不竭的力量源泉”。这使得我国的新闻、宣传、舆论工作有了实在的衡量“人民性”的标准。真正做到这一点，也就是真正坚持了党性。没有做到党性和人民性相统一，都是由于颠倒了党和人民的关系，造成既没有体现党性也没有体现人民性。

（二）纠正党性和人民性关系的两方面偏差认识

党性和人民性的关系，本来是一个有着明确答案的问题。但在一些人那里，却变得“复杂而敏感”。比如，有人问“你是替党讲话，还是替老百姓讲话”，“你是站在党的一边，还是站在群众一边”；有人振振有词地说人民群众人数超过党员，所以人民性大于党性。类似这种似是而非的说法不少，但都是不正确的、错误的，必须加以廓清和纠正。党性和人民性都是整体性的政治概念，党性是从全党而言的，人民性也是从全体人民而言的，站在全党的立场上、站在全体人民的立场上，才能真正把握好党性和人民性。

习近平非常了解一些地方党群关系的现实。闻名全国的郑州市规划局副局长逯军2009年6月17日问前来采访的记者的一句话：“你是准备替党说话，还是准备替老百姓说话?”这句话引发了多年没有再使用的“党性和人民性”概念，较多地出现在网络言论中，混杂着各种正确和错误的观点。同类的事件接连出现：2011年8月25日，某公司安全员对前来采访的记者说：“你反对我就是反对党”；2012年3月27日，某办公室主任回答记者提问时也问：“你是为人民服务还是为党服务的，这个你要明确”；2014年1月6日，某乡党委书记在回应群众和记者的采访时说：“威胁我就是威胁党。”这些党员干部均为基层干部，有的就是普通党员，他们处于接触群众的第一线。根据过失心理学的分析，这类脱口而出的话不是口误，言由心生，恰是内心真实想法的自然流露。

习近平十分了解基层情况，所以他在“8·19”讲话中提出了过去从未提到的“基层工作创新”的要求。基层的党群矛盾激化，是对党的极大威胁。基层是党的事业最薄弱的环节，也最容易被攻破；基层干部的观念和行为，关系到党在群众中的形象，也最容易威胁到党的执政基础。“你是替党讲话，还是替老百姓讲话”，“你是站在党的一边，还是站在群众一边”，这类将党性和人民性对立的情形，是需要纠正的第一种偏差。

另一种偏差也是存在的，即认为“人民群众人数超过党员，所以人民性大于党性”。少数人在网络上散布过这类观点。2012—2013年的网上，仍然可以看到诸如“党性来源于人民性和阶级性，党性必须符合人民性，必须和人民性相统一，不可和人民性相分离。党性不可违背人民性；人民性高于党性大于党性。党性不可侵犯人民性，人民性也不可侵犯党性”的说法。

这些说法的基本倾向是错误的。人民的利益高于一切，这是我们的基本认识，中国共产党是为了人民的利益而奋斗的，领导人民实现自己的利益。但人民是以无数分散的个体形式存在的，任何政权形式都不可能由抽象的“人民”来领导，而是通过阶级、党组建国家政权来管理。党性、人民性是抽象的认识和理念，上面的言论把“党”等同于“党性”，把“人民”等同于“人民性”，就把问题搅乱了。如何“用人民性来检验”？人民性怎么高于、大于党性？如何做到和表现？还有“人民性也不可侵犯党性”，更是无法理解在说什么。上面的言论到处用空洞的“人民性”的概念否定党性，但又说不出“人民性”是什么，到哪儿去寻。相对而言，党性多少实在些，有党纲、党章和一系列党的决议来体现。上面的言论，把党与人民、党性与人民性对立起来了，其混乱的思路很像当年列宁批评的“左派幼稚病”。

从某一级党组织，甚至仅某一级党组织的负责人来理解党性，这类情形时有披露。2007 年 5 月，某公路局斥资近 3000 万元将投入使用仅 3 年的办公楼大楼推倒重建（正常维修只需要 160 万元）的事情被揭露，该局党委书记召开全局党员会议，“要求全体党员必须与局长保持一致，一切行动听指挥，谨慎对待媒体，不要对外乱说话，努力用党性、正义战胜‘邪恶’”。这里所说的“党性”竟等同于“正义”，而把揭露他们滥用职权的行为视为“邪恶”，共产党员对党的忠诚，变成了对某一个单位、某一个领导人的忠诚，显然是对中国共产党党性内涵的扭曲。

批评上面的错误观点，除了理论的逻辑力量，更需要现实社会中各级党的干部和普通党员身体力行，用行动体现出党全心全意为人民服务的宗旨。某种意义上，行动比理论更能说服人。

习近平充分意识到他面临的严峻的党群矛盾，决心恢复党在人民群众中的良好形象，重新并提党性和人民性，纠正在两者关系上的两种错误的认识偏差，强调党性和人民性的一致、统一。一些口口声声强调增强党性的党员干部所说的“党”并不是全党，媒体有时候强调的人民也并不能整体上代表人民。党性是从全党而言的，人民性也是从全体人民而言的，不能简单从某一级党组织、某一部分党员、某一个党员来理解党性，也不能简单从某一个阶层、某部分群众、某一个具体人来理解人民性。

——摘自：陈力丹《党性和人民性的提出、争论和归结——习近平重

新并提“党性”和“人民性”的思想溯源与现实意义》，《安徽大学学报》（哲学社会科学版），2016年第6期（有删改）

谈到新闻舆论工作中的党性，就不能不同时谈到新闻传播规律。坚持新闻舆论工作的党性原则与遵循新闻传播规律，两者之间呈现一种什么样的关系呢？当然可以说，两者并不矛盾、完全可以统一。但要妥善处理两者关系，却并没有如此简单。

（一）新闻与政治的关系

要处理好党性与新闻传播规律这一组关系，一个绕不过去的问题是必须处理好新闻与政治的关系。早在20世纪80年代末，习近平在福建宁德任地委书记时就曾经说过：“新闻学作为一门科学，与政治的关系很密切。但不是说新闻可以等同于政治，不是说为了政治需要可以不要它的真实性，所以既要强调新闻工作的党性，又不可忽视新闻工作自身的规律性。”

新闻是特定主体对具有传播价值的事实的、体现时效性要求的报道。新闻是报道者对社会生活某些方面通过新闻手段所做的反映。新闻是反映者，社会生活是被反映者。所谓新闻手段，是指通过报道具有新闻价值的事实来及时地反映社会生活，并以此满足受众的新闻需求。新闻报道具有新闻价值的事实的方式即新闻手段，区别于同样是社会生活的反映的文学艺术。众所周知，文学艺术以塑造形象、满足人们审美需要的方式反映社会生活。

按照列宁的观点，政治是经济的集中表现。经济无疑是人类社会的基础，但经济的发展无疑会受到政治的制约和影响。特定主体的经济利益，会通过政治得到集中的体现；而且特定主体只有通过政治，才能获得和从根本上维护经济利益。列宁还说过：“一个阶级如果不从政治上正确地看问题，就不能维持它的统治，因而也就不能解决它的生产任务。”可见对于特定主体来说，如果不能从政治上正确处理问题，就会出现两大严重后果：一将影响其统治，二将影响经济。

新闻与政治的联系非常紧密。前者不可能不受到后者的制约影响；前者也必定会反作用于后者——这些都是不争的事实。但是，两者关系再密切，新闻也不应该被等同于政治，更不应该被政治取代。新闻被等同于政治和被政治取代，其突出表现是：为了政治需要而牺牲新闻的真实性。而如果新闻连自己的真实性都可以不要，那么，这样的新闻就已经失去生命，就已经不是准确意义上的新闻。这样的话新闻不可能为受众所认可，新闻学也不可能成为一门科学——这是应该力避的。在28年前，习近平就已经将新闻与政治的关系阐述得非常清楚了。

（二）党性与新闻工作自身规律的关系

坚持党性，说到底是一个属于政治范畴的问题。坚持中国共产党的党性，就必须认同并践行中国共产党的政治主张，且通过适当的方式在人民中进行广泛传播。在新闻舆论工作中坚持中国共产党的党性原则，就必须坚持坚定正确的政治方向，坚持正确的舆论导向。习近平总书记提出的"高举旗帜，引领导向"，体现出了很高的政治高度。高举的是马克思主义之旗，马克思主义新闻观之旗，以此旗帜引领舆论导向，就可确保舆论导向正确。总之，政治方向和舆论导向，属于新闻舆论工作中的重大问题，必须通过坚持党性和党性原则把它们管起来并且管好。但"如果把'导向'理解为刻意按照某种模式做，一堆套话+煽情+华丽但质量不高的内容，这就把'导向'的要求理解偏了。"

当今时代有自己鲜明的特点。在这种情况下更不应该淡化党性和党性原则，强化党性和党性原则有其必要性和必然性。在当下，社会中矛盾的复杂程度显而易见：市场经济体制既极大地解放了社会生产力和提高了人民生活水平，也使金钱拜物教得到了可乘之机，使坚持新闻舆论工作党性原则面临较之以往更为严峻的挑战；随着改革的进一步深化，社会成员的利益将在更深的层次上被触及，使新闻舆论工作坚持党性原则的难度随之陡增；接入互联网，既使我国在更高程度上融入世界，成为人类命运共同体中的重要成员，也使我国的国内舆论与国际舆论之间有了更多、更密切的联系，舆论格局增加了变数、出现了新变；西方发达国家对发展中国家包括中国进行意识形态渗透，以通过互联网进行渗透最为方便也更加隐蔽，中国和西方某些发达国家之间的意识形态较量程度更甚。以上诸点，对坚持新闻舆论工作党性原则而言，不是可以降低标准、松懈怠惰，而是顺理成章地提出了更高、更严格的要求。

（三）对新闻传播规律、舆论运行规律不可忽视和漠视

新闻工作有其自身的规律性，对此，不可以忽视；而对舆论运行规

律，也不可漠视。

新闻工作自身的规律性，大致包括如下内容：①新闻是特定主体运用新闻手段对社会生活所做的反映。而新闻手段十分讲究新闻真实性。诚如习近平所说：“真实性是新闻的生命。要根据事实来描述事实，既准确报道个别事实，又从宏观上把握和反映事件或事物的全貌”。②新闻在反映社会生活的过程中，十分注重发挥事实的作用（用事实说话），十分注重凸显事实的新闻价值（以此满足受众的新闻需求），十分注意新闻的时效性（以此体现新闻姓“新”的品格）。③新闻以提供新闻信息为己任（以此为受众提供服务）。④与尊重事实同等重要的，是尊重受众，新闻作品的价值最终要靠受众去实现（受众既是新闻传播活动的起点，又是其终端）。

舆论运行规律的要义在于：其一，舆论以“众议”为生成方式和存在方式，而“众议”必须有话题（有人提起话题），有谈资（真实的事实素材或虚假的传闻素材），有众多的人参与议论（个别人和少数人窃窃私语不称其为舆论），议论涉及公共性（舍此不可能实现众多人的议论交集）；其二，舆论会被触发，能相互感染，会由此迸发出不可低估的力量；其三，舆论不是孤立现象，而与政治、经济、文化有着千丝万缕的联系；其四，舆论往往有着社会心理的深厚底蕴，而在与舆论联系紧密的舆情层面，情绪、态度既是社会心理的某种折射，同时又是社会心理本身的构成部分。

忽视、无视、漠视新闻传播规律和舆论运行规律，不符合实事求是的认识路线，因而并不合乎中国共产党的党性和党性原则的要求。退一万步说，如果特定主体在其他方面较好地坚持了中国共产党的党性和党性原则，但是却违背了新闻传播规律和舆论运行规律，那么，必然不可能收到良好的新闻传播效果和舆论引导效果，不仅如此，还会受到上述规律的惩罚。受众不屑一顾、嗤之以鼻、反唇相讥、拂袖而去，则是对违背规律者的不同惩罚方式。实际上，违背新闻传播规律和舆论运行规律的新闻舆论工作者，绝不可能是中国共产党党性和党性原则的忠实坚持者和遵行者。现实生活中，有些新闻媒体和新闻舆论工作者，自认为坚持了党性和党性原则，实则是在搞导向正确的党八股，进行拒人于千里之外的说教，因而受到受众的抵制，这类现象并不鲜见。这属于片面理解坚持党性和党性原则而全然不顾新闻工作自身的规律性和舆论运行的客观规律，其结果必然是自食苦果。教训不可谓不深刻。

郑保卫教授认为："在日常工作中，特别是在处理突发事件报道的过程中，尊重新闻规律尤为重要。在一些突发事件中，瞒报、缓报甚至不报的做法，不仅无益于解决问题，还会贻误解决问题、化解矛盾、引导舆论的有利时机，从而使自己陷于被动局面。"斯言诚哉！在这里，特定主体对坚持党性和党性原则的理解是存在偏颇的。"瞒报、缓报甚至不报"灾难信息的做法，违背了《中华人民共和国政府信息公开条例》的规定，漠视公民知情权，对人民失去基本信任，实行的是愚民政策，与党性和党性原则格格不入甚至背道而驰，是中国共产党的党性和党性原则所绝不许可的。

——摘自：丁柏铨《论习近平的新闻舆论工作党性观——从有关党性的三组关系切入》，《现代传播》（《中国传媒大学学报》），2017 年第 11 期（有删改）

三、问题与思考及参考答案

1. 如何理解新闻工作具有阶级性和党性是一种普遍现象？

答：党性是阶级性的集中体现和最高表现形式。马克思主义认为，党性是在阶级斗争进入高度发展的阶段即政党斗争阶段时，适应斗争的需要产生和发展起来的。

新闻工作的党性是一种普遍存在的社会现象。现代意义上的新闻事业，是与资产阶级成长和发展联系在一起的。资产阶级在革命阶段的早期，其新闻事业曾经以政党报刊的面目出现，公开宣传资产阶级政党的思想和政治主张，竭力维护资产阶级的利益。随着资产阶级政权的巩固，资产阶级声称其新闻事业具有商业属性，不代表任何党派，否认新闻工作具有阶级性和党性。但有一点却是无法否认的，那就是它们要贯彻执行执政党的政策，不论哪个政党上台，在维护资本主义制度和资产阶级根本利益问题上，各资产阶级政党的政策都是一致的，新闻媒体宣传贯彻这些政策，就不可能不显露出它们的阶级性和党性。

从广义上讲，当今时代任何一种新闻事业都有自己的阶级性和党性。但是，只有马克思主义政党才敢于公开承认并执着坚持新闻事业的党性。马克思主义认为，阶级、政党是阶级社会的产物，当世界上还存在着阶级区分的时候，新闻事业就不可能没有阶级性和党性，也不可能成为“超阶级”的“社会公器”“公共通信工具”。社会主义新闻事业公开承认自己的党性，只不过是承认了一个普遍存在的客观事实，这也是社会主义新闻事业区别于资本主义新闻事业的显著标志。

2. 为什么说党性原则是社会主义新闻事业的根本原则？

答：新闻工作具有阶级性和党性是一种普遍现象，无产阶级政党坚持的党性代表的是最广大人民的根本利益，并不谋求任何私利，因此无须隐瞒自己的党性。

社会主义新闻事业的党性原则，是无产阶级政党党性在新闻工作中的具体体现，是无产阶级新闻工作160多年斗争经验的宝贵结晶。国内外的历史经验充分证明，坚持新闻工作的党性原则，新闻事业就能为社会主义革命、建设和改革提供坚强的舆论保证，社会主义事业就能发展壮大；违背党性原则，新闻事业就会背离社会主义方向，社会主义就要遭受损失和挫折，甚至发生亡党亡国的历史悲剧。社会主义新闻事业只有坚定不移地坚持党性原则，才能担当起时代赋予的历史使命。

3. 如何理解新闻工作必须坚持为人民服务、为社会主义服务、为党和国家大局服务？

答：坚持为人民服务、为社会主义服务、为党和国家大局服务，是宣传思想工作的一条重要原则，也是新闻工作必须长期坚持的基本方针。

这一方针体现了党的性质、宗旨和历史使命，反映了中国特色社会主义对新闻工作的根本要求，是规范社会主义新闻工作全部活动的行动指南。

4. “三贴近”的主要内涵是什么？新闻工作者怎样做到“三贴近”？

答：“三贴近”的主要内涵是贴近实际、贴近生活、贴近群众。新闻工作者要做到“三贴近”应做到以下四点。

（1）深入实际、深入群众、深入生活。优秀的新闻作品来自实际、来自群众、来自生活，新闻工作者贯彻“三贴近”的关键就在于深入实际、深入群众、深入生活。

（2）立足于基本国情。贯彻“三贴近”一定要从社会主义初级阶段的基本国情出发，既展示发展成果，体现发展趋势，又不回避发展中存在的问题。

（3）体现社会生活的主流和本质。对社会生活中的各种现象，新闻媒体要通过对新闻事实的选择、观点的提炼和报道节奏的把握等，冷静分析和辨别，充分反映生活的主流，体现生活的本质，自觉成为社会各项事业发展的建设者和推动者。

（4）维护好广大群众的根本利益。新闻工作的基础在群众，前途也在群众。新闻工作贯彻“三贴近”，就要让群众成为报道的主体；把群众利益放在首位，反映群众呼声，体现群众要求，回应群众关切，努力做好关乎人民群众切身利益的报道。

5. 为什么说坚持团结稳定鼓劲的工作是符合我国经济社会发展实际的？

答：中华人民共和国成立以来，特别是改革开放新时期，全国各族人民在党的领导下发愤图强，取得了举世瞩目的伟大成就，综合国力明显增强，人们生活大幅改善，国际地位显著提高，中国人民的面貌、社会主义中国的面貌发生了历史性变化，这些是现实中国的主流，是有目共睹、不可否认的事实。如实地反映这些事实，报道和歌颂人民群众的伟大壮举和业绩，展示和宣传中国特色社会主义的先进性和优越性，是新闻媒体遵循真实、全面、客观、公正的报道原则必须尽到的一份责任。

当前，我国正处于改革攻坚的关键阶段，既面临着难得的发展机遇，也面临着从未有过的困难和挑战。抓住机遇、战胜挑战，需要新闻工作者从党和国家的事业全局出发，把握主流。一方面，人们的精神文化需求日趋旺盛，要求新闻工作者以人民群众的新期待为着力点，提供更多更好的媒介精神产品和服务；另一方面，伴随着改革的不断深化，社会思想意识日益活跃，利益关系更趋复杂，处理这些问题都需要新闻工作者始终牢牢把握正确舆论导向，多做团结的工作、稳定的工作、鼓劲的工作，协调各方面关系，化解社会矛盾，大力推进社会主义核心价值体系建设，为改革开放和现代化建设努力营造团结和谐稳定的舆论氛围和社会条件。

四、参考书目

1. 中国社会科学院新闻研究所. 中国共产党新闻工作文件汇编 [M]. 北京：新华出版社，1980.

2. 陈力丹. 马克思主义新闻观百科全书 [M]. 北京：中国人民大学出版社，2018.

五、历年考研的相关真题

1. 简答题：党性和人民性的统一。（复旦大学，2018）

2. 请结合实践，论述社会主义新闻事业坚持党性和人民性相统一的原则。（暨南大学，2018）

3. 习近平在党的新闻舆论工作座谈会提出党性人民性和政治方向的基础，又指出要尊重新闻传播规律，创新传播手段，提高新闻舆论工作的四个力，谈谈对这两者关系的理解。（上海大学，2017）

4. 新闻事业遵循党性原则的具体要求。（南京师范大学，2016）

第六章 新闻宣传

一、重要概念阐释

1. 宣传

宣传是行为主体借助媒体传播特定内容，旨在影响他人意识和行为的一种社会传播活动。人们向别人公开说出自己的观点，实际上就构成了广义的宣传。

2. 新闻宣传

新闻宣传是宣传的一种特有形式，体现了新闻的特有功能，有着特定的内涵特征和作用。新闻宣传是通过报道和评述事实进行的宣传，是一定阶级政党和社会组织实现自身利益的手段。

3. 对外新闻宣传

对外新闻宣传是指通过报刊、广播、电视、互联网等新闻媒体，向国际社会传播有关中国的信息和中国对国际事务的认识观点和态度。对外新闻宣传是对外宣传的重要组成部分。

二、文选

党的十八大以来，以习近平同志为核心的党中央，根据新时代党和国家工作的实际需要，牢牢把握时代脉搏，积极回应时代关切，因应时代传播技术变革大潮，对党的新闻舆论工作在新的时代条件下如何统筹推进“五位一体”总体布局、协调推进“四个全面”战略布局，鼓舞激励亿万人民为实现“两个一百年”奋斗目标，实现中华民族伟大复兴中国梦，创造性地提出了许多新任务新要求，积累了许多新闻舆论工作的新经验新理论，形成了符合新时代需要，具有新时代特点的新闻思想，将中国共产党新闻思想推进到了一个新的阶段，为马克思主义新闻观的中国化、时代化谱写了新的篇章。

习近平总书记从国内外意识形态领域的复杂形势、国际传媒激烈竞争的严峻态势和我国新闻队伍思想道德作风的实际状况出发，对党的新闻舆论工作所面临的新形势新任务作出了宏观思考和战略布局，提出了许多新思想新观点。

（一）对党的新闻舆论工作性质地位做出新定位

2016 年 2 月 19 日，习近平总书记在党的新闻舆论工作座谈会上，用“一项重要工作”“一件大事”和“五个事关”准确表述新闻舆论工作的重要地位和作用。他指出，党的新闻舆论工作是党的一项重要工作，是治国理政、定国安邦的大事。做好党的新闻舆论工作，事关旗帜和道路，事关贯彻落实党的理论和路线方针政策，事关顺利推进党和国家各项事业，事关全党全国各族人民凝聚力和向心力，事关党和国家前途命运。

习近平总书记强调，新闻媒体是各种势力争夺的重要阵地，新闻舆论工作处在意识形态斗争最前沿，我们千万不能天真、不能大意、不能退缩，要坚持从党的工作全局出发，把握党的新闻舆论工作，做到思想上高度重视、工作上精准有力。

（二）对党的新闻舆论工作职责使命做出新表述

习近平总书记在党的新闻舆论工作座谈会上指出：“在新的时代条件下，党的新闻舆论工作的职责和使命是：高举旗帜、引领导向，围绕中心、服务大局，团结人民、鼓舞士气，成风化人、凝心聚力，澄清谬误，明辨是非，连接中外、沟通世界。”这六个方面、“48 个字”，对新闻舆论工作职责使命做出了最集中最鲜明的新概括，体现了时代和形势发展对新闻舆论工作提出的新要求，指明了新时代新闻舆论工作的努力方向。

习近平总书记强调要，承担起新闻舆论工作的职责使命，坚持正确政治方向是第一位的，要旗帜鲜明的坚持党性路线，增强看齐意识，做到爱党、护党、为党，要弘扬主旋律、传播正能量，不断巩固壮大主流思想舆论。要遵循新闻传播规律，创新工作方法，不断提高新闻舆论工作的能力和水平，要培养造就一支党和人民放心的新闻舆论工作队伍。

（三）对党的新闻舆论工作方针原则做出新论断

习近平总书记强调新闻舆论工作要牢牢坚持党性原则，最根本的是坚持党对新闻舆论工作的领导，牢牢坚持马克思主义新闻观，将其作为党的新闻舆论工作的定盘星，牢牢坚持正确舆论导向，做到所有工作都有利于坚持中国共产党领导和社会主义制度，有利于推动改革发展，有利于增进全国各族人民团结，有利于维护社会和谐稳定；牢牢坚持正面宣传为主，始终把团结稳定鼓劲、正面宣传为主作为党的新闻舆论工作必须遵循的基本方针。……

（四）对党的新闻舆论工作创新发展做出新擘画

习近平总书记对新闻舆论工作创新发展高度重视，强调“新闻宣传是否善于创新，是否能够做到常做常新，是其发展壮大，保持强大生命力的关键”。他在全国宣传思想工作会议上明确指出：“做好宣传思想工作，比以往任何时候都更加需要创新”。他在视察解放军报社时要求，新闻舆论工作必须坚持“创新为要”。他在党的十九大报告中指出，要“高度重视传播手段建设和创新，提高新闻舆论传播力、引导力、影响力、公信力”。

习近平总书记指出，党和政府主办的媒体是党和政府的宣传阵地，必须姓党。要坚持党性和人民性是一致的、统一的，把党性原则贯穿到新闻宣传和舆论引导全过程。要深入开展马克思主义新闻观教育，引导广大新闻舆论工作者做党的政策主张的传播者、时代风云的记录者、社会进步的推动者、公平正义的守望者。要坚持以正确的舆论引导人，把坚持正确舆论导向贯穿新闻舆论工作各个方面、各个环节，层层把关、人人负责。要坚持巩固壮大主流思想舆论，弘扬主旋律，传播正能量，激发全党全社会团结奋进、攻坚克难的强大力量，调动各方面积极性、主动性、创造性。

（五）对网上新闻舆论工作做出新部署

面对媒体格局，舆论生态、受众对象、传播技术发生的深刻变化，习近平总书记指出，互联网已经成为舆论斗争的主战场，在互联网这个战场上，我们能否顶得住、打得赢，直接关系我国意识形态安全和政权安全。

习近平总书记指出，随着形势发展，党的新闻舆论工作必须创新理念、内容、体裁、形式、方法、手段、业态、体制、机制，增强针对性和实效性。要适应分众化、差异化传播趋势，精准定位受众，善于设置议题，形成全方位、多层次、多声部的主流舆论矩阵，加快构建舆论引导新格局。要推动融合发展，主动借助新媒体传播优势，打造一批新型主流媒体，占领信息传播制高点。要抓住时机、把握节奏、讲究策略，从时度效着力，体现时度效要求。

（六）对国际传播能力建设做出新阐述

习近平总书记着眼于国内外舆论环境的发展变化，对加强国际传播能力建设进行了深刻思考。他指出，国际舆论格局目前“西强我弱”，我国新闻媒体国际传播能力还不够强，声音总体偏小偏弱，西方主要媒体左右着世界舆论。中国在世界上的形象很大程度上仍是“他塑”而非“自塑”，我们在国际上有时还处于“有理说不出、说了传不开”的境地，存在着信息流进流出的“逆差”、中国真实形象和西方主观印象的“反差”、软实力和硬实力的“落差”。

习近平总书记强调，传播力决定影响力。要讲好中国故事、发出中国声音、阐释中国特色，让世界认识一个立体多彩的中国。要增强国际话语权，加强对外传播话语体系建设，打造融通中外的新概念、新范畴、新表述。要下大气力加强国际传播能力建设，优化战略布局，集中优势资源，着力打造具有较强国际影响力的外宣旗舰媒体，让全世界都能听到并听清中国声音。

（七）对加强新闻舆论工作队伍建设提出新要求

习近平总书记反复强调人才对新闻舆论工作的极端重要性。在党的新闻舆论工作座谈会上，他强调：“媒体竞争关键是人才竞争，媒体优势核心是人才优势。”做好党的新闻舆论工作，关键在人。新闻舆论工作队伍的政治素养、理论水平、政策水平、业务能力，直接关系党的新闻舆论工作效果。习近平总书记提出，要“加快培养造就一支政治坚定、业务精湛、作风优良，党和人民放心的新闻舆论工作队伍”。……

——摘自：本书编写组《马克思主义新闻观的新发展》，《习近平新闻思想讲义（2018版）》，2018年6月（有删改）

回顾中国共产党90多年的发展历史，新闻宣传和舆论工作始终被置于重要地位。党在1921年成立之时就组建了中央宣传机构，统筹全党的新闻宣传工作。党的领袖毛泽东极为重视新闻宣传工作，在延安时，他曾亲自兼任中央党报工作委员会主任，他还把党中央机关报《解放日报》和重庆的《新华日报》比作“拿笔的军队”，是“一支方面军”，同拿枪的八路军和新四军一样重要。而他本人就是一个杰出的新闻宣传家和报刊活动家，有着丰富的新闻宣传和舆论工作的实践经验与理论积累。

正是借助新闻宣传和舆论引导，中国共产党才使自己的纲领路线、方针政策、决策主张、工作任务、工作方法为广大人民群众所认识、所接受、所掌握，从而使他们自觉地团结在共产党的周围共同奋斗，最终赢得了革命战争的胜利，取得了社会主义建设和改革开放事业的一个个成就。正因如此，当年邓颖超在接见英籍女作家韩素音时曾意味深长地说，“我们共产党是靠宣传起家的”。

以毛泽东为代表的中国共产党人，在长期的新闻宣传和舆论工作实践中，始终立足于我国党情、国情、社情，根据党和国家在各个时期中心工作的实际需要，以及时代发展和国内外环境的变化，坚持以马克思主义新闻观为指南，不断总结自身经验，积极创新新闻宣传和舆论工作的理念、内容、方式和手段，逐渐形成了自己的新闻宣传和舆论思想。

如今，习近平作为新一任党的总书记，在继承马克思恩格斯列宁新闻观和中国共产党几代领导人新闻宣传和舆论思想优秀理论成果的基础上，牢牢把握时代脉搏，积极回应时代关切，因应时代传播技术变革大潮，不断以其思想智慧和理论成果引领时代发展方向，书写了党的新闻宣传和舆论工作的新篇章，将中国共产党人的新闻宣传和舆论思想推进到了一个新的阶段。

近些年来，习近平通过讲话、报告、致辞、批示等方式就新闻宣传和舆论工作发表了许多重要意见，形成了他独特的新闻宣传舆论观。特别是2013年8月19日他在全国宣传思想工作会议上的讲话和2016年2月19日在党的新闻舆论工作座谈会上的讲话，涉及党的新闻宣传和舆论工作的性质地位、功能作用、宗旨任务、职责使命、基本方针、重要原则、策略方法，以及党的领导、队伍建设、人才培养等一系列问题，内涵十分丰富，是两篇在中国共产党新闻思想发展史上有着重要影响的文献。“8·19”讲话发表后，《人民日报》即以本报评论员的名义发表了8篇评论文章；“2·19”讲话发表后，人民日报也发表了3篇评论文章，全面介绍和论述了这两个讲话的主要内容，许多新闻学术刊物也刊发了大量学习文章和研究论文，对其内容进行了深入的解读和论述。……

（四）丰富和创新“党性与人民性相统一”理论

如何看待人民性问题，特别是如何认识党性和人民性的关系问题，在20世纪80年代曾有过一场争论。习近平在“8·19”讲话中从党的执政理念和新闻事业根本性质的角度，对人民性问题，特别是对人民性同党性的关系问题做了明确表述。他指出，“党性和人民性从来都是一致的、统一的”。依据这一认识，从本质上讲，坚持党性就应该坚持人民性，坚持人民性也就应该坚持党性，人民性是党性的基础，没有脱离人民性的党性，也没有脱离党性的人民性。因此不能将两者割裂开来，更不能对立起来。而在“2·19”讲话中，他在重申要坚持党性和人民性相统一时，对如何处理党性和人民性相统一问题做出了新的阐释。他提出要“把党的理论和路线方针政策变成人民群众的自觉行动，及时把人民群众创造的经验和面临的实际情况反映出来，丰富人民精神世界，增强人民精神力量”。

以往，在我国新闻界关于党性和人民性关系问题的争论中，有一种观点认为，党性和人民性两者是不可能一致和统一的，即要想坚持人民性就难以坚持党性，而要想坚持党性也就无法坚持人民性。有人还进而提出，当党性无法代表人民性的时候，应该用人民性来替代党性，并由此得出“人民性高于党性”的结论。习近平对此做出了明确回答，强调“党性和人民性从来都是一致的、统一的”，这就从思想和理论上起到了以正视听的作用。

另外，要深刻认识习近平的上述观点，还须全面理解党性和人民性的内涵。对此，《人民日报》评论员在其发表的学习习近平讲话精神的文章中做了这样的阐述：党性和人民性都是整体性的政治概念，党性是就全党而言的，人民性是就全体人民而言的，不能简单从某一级党组织、某一部分党员、某个党员来理解党性，也不能简单从某一阶层、某部分群众、某一个具体人来理解人民性。只有站在全党的立场上、站在全体人民的立场上，才能真正把握好党性和人民性，把党性和人民性割裂开来、对立起来、搞碎片化，在理论上是错误的，在实践上也是有害的。

应该说，这一论述很有道理。如果我们把“党性”和“人民性”都当作是一个政治概念，而且都从整体性的角度，或者说从全党和全体人民的角度，真正站在全党和全体人民的立场上来理解党性和人民性的问题，就可以避免简单地从某一阶层、某部分群众、某个具体个人的诉求来认识人民性，或是简单地从某一级党组织、某一部分党员、某个党员的言论和行动来理解党性的情况，这样才能全面地认识与把握党性和人民性，也才能更好地理解“党性和人民性是一致的和统一的”这一观点的深刻内涵。

习近平关于党性和人民性关系的论述，适时回应了新闻界对此问题的关切，从根本和源头上解决了对两者关系认识上的误区，阐明了正确认识两者关系的理论前提，创新和发展了“党性和人民性相统一”的理论，对丰富和发展马克思主义新闻观与中国共产党的新闻宣传和舆论思想做出了独特贡献。而这一观点也成为其新闻宣传舆论观中的一个核心观点。

习近平的新闻宣传舆论观是时代的产物，也是实践的产物，其内涵丰富，具有很强的针对性和实践性，是当前我国新闻宣传和舆论工作的理论指南和基本遵循。

习近平的新闻宣传舆论观，是对中国共产党新闻宣传和舆论思想的新认识，也是对马克思主义新闻观中国化的新发展，是指导新闻宣传和舆论工作的强大思想武器和理论指南。学习践行好习近平的新闻宣传舆论观，是当前我国新闻宣传和舆论战线的一项重要任务。

——摘自：郑保卫《习近平新闻宣传舆论观的形成背景及理论创新》，《现代传播》，2016 年第 4 期（有删改）

在一些根本性的重大问题上，党的十八大以来中国共产党的新闻宣传思想相对此前的新闻思想有所继承。例如，一如既往重视意识形态工作。这在中国共产党的新闻宣传思想中始终占有重要地位。党的历代领导集体的核心对意识形态工作有过多次精辟论述。习近平总书记则说过：“意识形态工作是党的一项极端重要的工作”；“宣传思想部门承担着十分重要的职责，必须守土有责、守土负责、守土尽责”。这是与党的历代领导人的思想相贯通的。又如，中国共产党的历代领导集体始终以新闻宣传和舆论工作为要务。与此有关的理论和实践可说是一以贯之、从未间断。再如，坚持新闻事业党性原则不动摇。自从有自己的新闻事业以来，中国共产党就要求新闻事业坚持党性。在历史上，党的最高领导人无不对坚持党性有所论述、加以强调。习近平总书记则提出："坚持党性，核心就是坚持正确政治方向"，与中国共产党已有的新闻宣传思想是一脉相承的。党的十八大后公布的《中共中央政治局关于改进工作作风密切联系群众的规定》中，对中央政治局同志出席会议和活动是否报道应取决于工作需要、新闻价值、社会效果的规定，是与十六大以后中共中央政治局通过的《关于进一步改进会议和领导同志活动新闻报道的意见》的精神一脉相承的。

再说创新的方面。在新的情势下，党的十八大以来中国共产党的新闻宣传思想有许多创新之处：一是在坚持党性的问题上有创新。将党性与人民性并提，且论述了两者之间一致和统一的关系。二是在舆论引导的理论与实践方面有创新。针对舆论引导工作，习近平总书记提出了"把握好时、度、效"的精辟见解。三是在对新闻事业的指导方面有创新。习近平总书记首提"推动传统媒体和新兴媒体融合发展"，并在新闻宣传思想语境中首次吸纳、使用"互联网思维"这一概念。四是在倡导遵循与新闻、传播、舆论等有关的规律方面有创新。习近平总书记提出推动传统媒体和新兴媒体融合发展，要遵循新闻传播规律和新兴媒体发展规律。提遵循"新闻传播规律"，是重申；提遵循"新兴媒体发展规律"，是创新发展。此外，习近平总书记还提出必须遵循"新闻舆论的传播规律""网络传播规律"。他对新闻、宣传、舆论等规律的强调可谓是空前的。

……创新，是党的十八大以来中国共产党新闻宣传思想的主旋律和主色调。新闻宣传思想创新，包括理念、思维和表述等三个方面的创新。

（一）理念创新

习近平总书记要求宣传思想工作做到的三项创新之一就是理念创新（另两项位居其后，分别是：手段创新和基层工作创新）。他阐述：理念创新就是要保持思想的敏锐性和开放度，打破传统思维定式，努力以思想认识新飞跃打开工作新局面。他之所以要求包括新闻宣传在内的宣传思想工作进行理念创新，是基于其如下现实考虑："今天，宣传思想工作的社会条件已大不一样了，我们有些做法过去有效，现在未必有效；有些过去不合时宜，现在却势在必行；有些过去不可逾越，现在则需要突破。"对过去的做法进行严格审视，区分成三种不同情况而分别对待，避免"不日新者必日退"。一言以蔽之："明者因时而变，知者随事而制"。这样的思想观点，确实给人以如沐春风之感。习近平总书记的上述见解，应了马克思主义的一条基本原理：一切以时间、地点和条件为转移。正因为如此，做好宣传思想包括新闻宣传、舆论引导工作，比以往任何时候都更加需要理念创新。

（二）思维创新

思维创新的重要表征是倡导和使用互联网思维。习近平总书记从其他领域中引入了"互联网思维"这一体现了前沿性的思维，在新闻理论建设中颇具创新性。笔者认为：互联网思维是平等的、开放的、亲民的思维。互联网思维的本质和内涵是什么？但我们可以从习近平总书记在另一场合的表述中得到启发。在2014年世界互联网大会于浙江乌镇举行之际，习近平总书记向大会发去贺词，贺词肯定了"互联互通共享共治"的大会主旨。有评论说："强调'民主''开放''参与'，强调'我思献人人、人人助我思'。互联网的发展需要大家共同参与，互联网规则也需要大家共同制定，互相尊重。习近平总书记的贺词强调'互联互通共享共治'，其所倡导的价值观、安全观等也是'互联网思维'的体现。"

（三）表述创新

习近平总书记在新闻宣传、舆论工作方面的思想观点体现了表述创新，他曾经说过，要"打造融通中外的新概念新范畴新表述"。"中国梦"就是融通中外的创新性表述的典型代表。在新闻宣传领域中，习近平总书记提出的"新兴媒体发展规律""现代传播体系"等，大致就是可以"融通中外的新概念新范畴新表述"。

表达新闻宣传思想，习近平总书记常常采用形象生动的说法，将深邃的思想见解寓于浅近的语言文字之中，使受者易懂好记，从而入耳入眼、入脑入心。例如：他将正面宣传表述成"激发正能量""传播正能量"（"正能量"的说法早已深入人心）；将西方反华势力利用网络进行的意识形态渗透，表述成试图利用互联网这个“最大变量”来“扳倒中国”；将“动员各条战线各个部门一起来做，把宣传思想工作同各个领域的行政管理、行业管理、社会管理更加紧密地结合起来”，表述成“树立大宣传的工作理念”；将做好对外宣传工作、做好中国题材报道、对外很好地发声，表述成“讲好中国故事，传播好中国声音”；将对互联网依法进行整治，表述成“使我们的网络空间清朗起来”。

党的十八大闭幕至今，习近平总书记在展现其执政理念和执政风格的同时，已清晰地展示了党的十八大以来中国共产党新闻宣传思想的鲜明特色。党的十八大以来中国共产党的新闻宣传思想，是党的理论宝库中的一个重要组成部分，同时也是马克思主义新闻思想中国化的最新理论成果。习近平总书记关于新闻、宣传、舆论的论述所体现的鲜明特色，既是他个人思想魅力的体现，也是党中央领导集体共同智慧的结晶。

党的十八大以来中国共产党新闻宣传思想的特色，有着丰厚底蕴和坚实根底。古希腊哲学家赫拉克利特说过这样的名言：“太阳每天都是新的”。体现强烈当代意识的党的十八大以来中国共产党的新闻宣传思想，每天面对着“新的太阳”。其鲜明特色的展现，将始终处于“现在进行时”态，而非“过去完成时”态。

理论之树常青。中国共产党的新闻宣传思想当也是常青的。

——摘自：丁柏铨《十八大以来中国共产党新闻宣传思想特色浅探》，《新闻与写作》，2015 年第 11 期（有删改）

三、问题与思考及参考答案

1. 宣传包含哪些要素？

答：宣传包含主体、内容、媒体、形式、对象五要素。

（1）主体。主体是宣传活动的组织者和实施者。宣传的主体可以是个人，也可以是政党、政府机构或其他特定的社会团体。

（2）内容。宣传内容是主体用于影响他人意识和行为的事实以及依据事实所阐明的道理和思想。

（3）媒体。媒体是宣传内容的载体，又是宣传主体与对象之间的中介。

（4）形式。宣传形式包括主体所采用的手法，所选择的传播途径、所使用的具体方式等。

（5）对象。对象是宣传内容所指向的目标个人或群体。

2. 宣传有哪些特点？

答：（1）宣传是以说服对象为目的的传播活动。无论是政党、政府机构或社会团体的宣传，还是个人的宣传，一般都有着明确目的及传播一定信息，以有效的影响他人的意识和行为。

（2）宣传最突出的特点是具有传播形态的多样性。宣传包括众多分支，既包括新闻宣传，也包括思想理论宣传、文艺宣传、广告宣传、标语口号宣传等。

（3）宣传主体以不同方式表明其倾向和意见宣传主体，以一定的方式表达自己的倾向和意见，这是其共性，但主体通过宣传表现倾向和意见的方式又不尽相同。

3. 新闻宣传与宣传的联系和区别有哪些？

答：（1）新闻宣传是形式多样的宣传中的一种，力图以报道新闻而收宣传之效，常采用新闻报道和新闻评论两种基本方式。

（2）新闻宣传与宣传的关系十分密切，两者的紧密联系体现在新闻宣传包含在广义宣传之中，具备广义宣传的一部分特质，属于社会传播活动，旨在影响他人的意识和行为。广义宣传中遵循新闻报道规律，体现新闻特质的那一部分，被称为新闻宣传，它是通过报道和评述事实而进行的宣传，其基础则是对事实的真实报道。

4. 在社会生活中，宣传和宣传工作有哪些重要作用？

答：在社会生活中，宣传和宣传工作有其普遍性。

（1）对于个人来说，做好宣传有利于塑造自身的形象，有利于与人沟通和被人理解，有利于改善自己的工作环境和生存条件。

（2）对于国家政党和社会团体来说，做好宣传工作就更为重要，通过宣传可以表达和阐明自己的政策主张、观点和要求，进而使人们接受这些政策和主张并为之行动，无产阶级宣传的本质就是向人们揭示和传播真理，宣传的目的就在于用真理说服和影响广大人民群众。

5. 为什么说马克思主义政党开展宣传活动的全部目的，就是为了传播革命真理，引导广大人民群众为自身的解放而奋斗？

答：无产阶级要推翻掌握全部国家机器的反动统治阶级，必须在革命理论的指导下真正组织起来求得自身的解放，而社会主义思想不可能由无产阶级内部自发地产生，只有通过革命知识分子从外部进行灌输，无产阶级接受了社会主义思想，提高了觉悟，才能从自在的阶级转变为自为的阶级，并承担起领导革命的任务。通过宣传让群众明白真理，而群众知道了真理，有了奋斗目标就会齐心协力，这样宣传就能实现其价值并达到预期的目的，可见马克思主义政党开展宣传活动的全部目的就是为了传播革命真理，引领广大人民群众为自身的解放而奋斗。

6. 请简要阐述西方国家主流语境中对宣传的曲解，并谈谈我国主流语境中所说的宣传，与西方国家主流语境中所说的宣传有什么根本性差别。

答：（1）由于历史的原因和文化背景的差异，西方国家主流语境中对宣传存在着误解，认为宣传这一概念本身含有贬义，因而不被正面使用，以致西方国家的新闻媒体都否认自己具有宣传功能。然而大量的事实充分证明西方国家的新闻媒体也在进行宣传，比如不少西方媒体为了宣扬其意识形态和价值观念，进行了大量反社会主义、反共产主义的宣传，他们怀着政治偏见，有意识地挑选个别事例，通过新闻报道肆意歪曲丑化马克思主义政党和社会主义国家的形象。

（2）我国主流语境中所说的宣传与西方国家主流语境中所说的宣传存在着根本性的差别，前者服务于中国共产党为广大人民群众谋福利这一宗旨，是以客观事实为基础进行的说服和教育，目的是使人民群众认识自己的利益并为之努力奋斗；后者则服务于垄断资产阶级的利益，是由少数人——通常是当政者及其背后的大财团，为了实现某种特定的目的而对人民进行的鼓动和说教。

7. 新闻宣传有哪些特点？

答：（1）新闻宣传同样强调恪守真实性原则，新闻宣传要以新闻事实作为报道依据，所作报道要完全符合新闻事实的实际情况。

（2）新闻宣传必须用具有新闻价值的事实说话，新闻宣传要用事实说话，以新闻事实、新闻报道来传播宣传者的主张。

（3）新闻宣传的内容通常表现为一定的理论路线、方针政策、道德主张等，反映的是阶级和政党的政治立场和思想观念的特定目的，决定了传播者对事实选择和编发的导向性。新闻宣传的倾向性常蕴含在媒体对新闻的选择与编发中。

（4）新闻宣传要求所报道的事实具有很强的时效性，追求和体现时效性是新闻必须具备的品格。

8. 为什么说新闻宣传是一定阶级、政党和社会组织实现自身利益的手段？

答：（1）新闻宣传是依托新闻媒体实现的宣传，具有强大的舆论影响力，所以自有新闻事业以来，各个阶级政党和社会团体无不把新闻宣传作为实现自身利益的重要手段。

（2）在无产阶级革命事业的进程中，马克思恩格斯的报刊活动构成了他们的新闻宣传活动，其全部目的就是唤起工人阶级和人民大众为改变自身状况和获取应得利益而斗争，这既是他们政治上的目标，同时也是其宣传所要达到的目的。

（3）在当代中国，执政为民的中国共产党代表了最广大人民群众的根本利益，因此宣传作为一定阶级政党和社会团体，实现自身利益的手段及实际内涵，为新闻宣传，是党领导人民实现自身利益的重要手段。

9. 我国新闻宣传的基本理念是什么？

答：（1）以马克思主义为指导，根植于中国革命建设与改革的实践。马克思主义是我国新闻宣传的根本指导思想，中国特色社会主义的实践是新闻宣传的立足点。

（2）新闻宣传的主要使命是动员和组织群众。宣传群众、动员群众、组织群众为实现自身利益而奋斗，是马克思主义新闻宣传的光荣传统。

（3）新闻宣传要以党的路线方针政策为依据，社会主义新闻宣传所依据的只能是党的路线方针政策，党的路线方针政策，代表了广大人民群众的根本利益，体现了对形式、大局的正确把握，体现了党组织的集体智慧和执政水平。

10. 为什么说马克思主义是我国新闻宣传的根本指导思想？

答：（1）我国的全部新闻宣传都必须贯穿一个指导思想，这就是马克思主义，马克思主义是被100多年来世界历史发展进程，特别是我国革命建设和改革实践反复证明的科学真理，具有鲜明的科学性和真理性，是我们认识世界改造世界的强大思想武器。中华人民共和国成立后马克思主义是占统治地位的意识形态，居于主导地位，这是由中国社会变革的历史和中国共产党的执政地位决定的。

（2）马克思主义具有与时俱进的理论品质，改革开放以来，中国共产党把马克思主义普遍真理与中国改革和建设的具体实际相结合，形成了中国特色社会主义理论体系，这个理论体系是马克思主义中国化的最新成果，是全国各族人民团结奋斗的共同思想基础，在当代中国坚持中国特色理论体系就是真正坚持马克思主义，坚持马克思主义在意识形态领域的指导地位，就必须始终不渝地坚持中国特色社会主义理论体系。

（3）在新的历史条件下，我国社会生活虽然发生了广阔而深刻的变化，但是经济和社会关系的某些变化并没有改变国家的社会主义性质，也没有改变工人阶级及其政党的领导地位和最广大人民群众是国家的主人这一政治现实，因此反映到意识形态领域，必须坚持马克思主义指导地位，我国新闻宣传作为反映意识形态的前沿阵地，必然要在马克思主义的指导下进行。

11. 我们说新闻报道应该依据党的路线方针政策，在实际工作中应当如何操作落实？

答：（1）对与党的路线方针政策相符合的事实，应积极宣传报道，让这类事实在实际生活中发挥良好的社会示范效应和有效的舆论引导作用。

（2）对贯彻党的路线方针政策中出现的情况和问题，也要及时通过适当方式与反应，以供决策者了解情况，采取措施调整和纠正。

（3）对于实际工作中违背党的路线方针政策的情况，更要及时通过新闻报道或“内参”予以反映和揭露，开展适当的批评，以引起上级领导机关的关注和重视，引起人们的警觉，促进问题的解决，使党的路线方针政策更好地得到贯彻落实。

12. 新闻宣传如何做到动机与效果的统一？

答：（1）新闻宣传效果要以人民群众是否接受和满意作为检验标准，新闻宣传的服务对象是广大人民群众，因此其效果应当以人民群众是否接受和满意作为检验标准。

（2）宣传要讲求艺术，端正文风。宣传需要兼顾新闻价值和宣传价值，善于用事实说话，要善于从群众容易理解的角度说话。

（3）新闻宣传要力戒虚夸，防止片面性，虚夸和片面是影响新闻宣传效果的重要原因。

13. 在新闻宣传工作中，如何兼顾新闻价值和宣传价值?

答：新闻宣传要取得好的效果，赢得群众的欢迎与信任，就必须兼顾新闻价值和宣传价值。兼顾新闻价值和宣传价值，关键在于对新闻事实材料的选择，要注意选择那些既含有能证明宣传者自身观点，体现报道者立场倾向，并能对群众产生思想影响的事实材料，又含有群众关心的，对他们来说有益的、有用的和有趣的事实信息，在尊重事实的基础上把两者统一起来。

14. 如何在实际工作中，防止和克服新闻宣传工作的片面性?

答：（1）用辩证唯物主义和历史唯物主义的方法去观察、分析和报道事物，要从客观存在的事实整体出发，辩证地、历史地描述事实，如实地反映客观事物的完整面貌。

（2）用发展的眼光看待新近发生的事物，要把现实中的新事物放在一定历史条件下，放在发展的过程中考察其演变轨迹。

（3）防止和克服新闻宣传中的片面性，还需要新闻工作者有宏观意识和大局观念，对整个新闻宣传要作统筹考虑和整体安排，要把握好新闻宣传的内容、时机和分寸。

15. 我国对外新闻宣传的基本任务有哪些?

答：（1）宣传党和国家的政策主张。我国对外新闻宣传的中心任务就是向全世界准确深入地宣传阐释党和国家的政策主张，赢得国际社会对中国的理解和支持。

（2）展示国家形象，提升国际地位。我国对外新闻宣传的一项重要任务就是要充分展示我国民主进步文明开放的国家形象，营造客观友善、与我有利的国际舆论环境。

（3）有针对性地开展国际舆论斗争。对外新闻宣传工作要针对关系国家重大利益的问题，开展积极有效的国际舆论斗争，理直气壮地宣传我国的立场观点，澄清谣言，以正视听，营造良好的国际舆论环境。

（4）增进了解，消除误会。我国对外新闻宣传的重要使命就是通过多做有助于增进了解的宣传，多做化解消极负面因素的宣传，积极主动地赢得外国公众的了解、理解、支持和认同，减少外国公众对我国的疑虑和误解，扩大共识，增进共信。

16. 我国对外新闻宣传有哪些基本要求？

答：（1）坚持以国家利益为最高准则。维护国家利益是对外新闻宣传工作的出发点和归宿，是判断对外新闻宣传工作是非成败的根本标准。

（2）坚持以我为主，用事实说话。对外宣传工作，要坚持独立自主，不畏强权，坚持党和国家的立场观点和主张，不被别人牵着走。

（3）有的放矢，讲究实效。对外新闻宣传工作要根据不同国家、不同民族，不同宗教信仰，不同地区受众的特点和不同时期对中国的信息的需求情况进行。

（4）努力掌握主动权、话语权。对外新闻宣传要善于把握先机，注重实效，掌握对外新闻宣传的主动权话语权。

（5）讲求传播艺术。对外新闻宣传政治敏感性强，必须将原则性和灵活性有机结合起来，既坚持原则性，把握正确方向，又讲究策略，讲求传播艺术。

（6）加强国际传播能力建设。在信息技术高度发展的新形势下，加强对外宣传，不仅需要改进内容和方法，而且需要大力提高传播能力。

17. 习近平总书记多次指出，讲故事是国际传播的最佳方式，试论如何在国际传播中讲好中国故事。

答：（1）以中国梦为引领。实现中华民族伟大复兴的中国梦，是当代中国最宏大、最精彩的故事。中国梦已经成为国际社会认识当代中国的一把钥匙。对外解释好中国梦，有助于外部世界更好地认识中国。

（2）传播好当代中国价值观念。习近平总书记强调："当代中国价值观念就是中国特色社会主义价值观念，代表了中国先进文化的前进方向。"中国特色社会主义的巨大成功，为我们传播当代中国价值观念提供了良好的机遇，习近平新时代中国特色社会主义思想是当代中国价值观念的集中体现，要深入学习领会，读原文、悟原理，提高政治站位和政治觉悟，传播好中国新时代声音，讲述好中国新征程故事。

（3）用好丰富的资源和素材。习近平总书记指出，要讲好中国特色社会主义的故事，讲好中国梦的故事，讲好中国人的故事，讲好中华优秀文化的故事，讲好中国和平发展的故事。

（4）坚持讲事实讲形象讲情感讲道理。习近平总书记在党的新闻舆论工作座谈会上指出，讲故事就是讲事实、讲形象、讲情感、讲道理。讲事实才能说服人，讲形象才能打动人，讲情感才能感染人，讲道理才能影响人。

18. 习近平总书记在“8·19”讲话中指出，“党性和人民性从来都是一致的、统一的”，请谈谈你对这句话的理解。

答：新闻工作的党性和人民性的关系是关乎舆论导向的重大问题，党领导的新闻传播也是党联系人民的桥梁，需要处理好党性和人民性的关系。传媒如果持官本位立场，没有把人民利益放在第一位，就会拉大党和人民的距离。习近平总书记在“8·19”讲话中重申党性和人民性从来都是一致的、统一的，意在恢复党与人民血肉相连的光荣传统。中国共产党是来自人民为了人民的党，唯一宗旨是为人民服务，没有脱离人民性的党性，也没有脱离党性的人民性，把党性和人民性割裂开来、对立起来、搞碎片化，在理论上是错误的，在实践上也是有害的。这一理论对我国新闻和宣传工作实践的指导，无疑具有重大的理论意义和现实意义。

党性和人民性都是整体性的政治概念，党性是对全党而言的，人民性是对全体人民而言的，不能简单地从某一级党组织、某一部分党员、某一个党员来理解党性，也不能简单地从某一个阶层、某部分群众、某一个具体的人来理解人民性，站在全党的立场上，站在全体人民的立场上，才能真正把握好党性和人民性。

四、参考书目

1. 新华通讯社课题组．习近平新闻舆论思想要论［M］．北京：新华出版社，2018.

2. 中共中央宣传部新闻局．习近平总书记党的新闻舆论工作座谈会重要讲话精神学习辅助材料［M］．北京：学习出版社，2016.

3. 徐宝璜．新闻学［M］．北京：中国传媒大学出版社，2016.

五、历年考研的相关真题

1. 试简要论述新闻与宣传的区别。(中南财经政法大学，2015、2017)

2. 简述宣传的三大要素。(中南财经政法大学，2017)

3. 新闻价值和宣传价值各包含哪些要素？在新闻选择中二者是怎样的关系？(中国科学技术大学，2013)

第七章　新闻舆论导向

一、重要概念阐释

1. 新闻舆论

新闻舆论是通过新闻手段反映公众意见而形成的舆论。新闻舆论是社会舆论的重要组成部分，它包括舆论主体、舆论客体和舆论表达形式三个基本要素，并具有现实性、导向性和影响力等基本特征。

2. 舆论导向

舆论导向是指新闻媒体依据一定的思想和立场，运用新闻手段引导社会舆论的传播行为。新闻舆论作为一种思想观念形式，与政治、法律、哲学、道德宗教等一样，都属于社会意识形态，具有鲜明的阶级性和倾向性。

二、文选

习近平总书记指出，要承担起新闻舆论工作的职责使命，“必须把政治方向摆在第一位，牢牢坚持党性原则，牢牢坚持马克思主义新闻观，牢牢坚持正确舆论导向，牢牢坚持正面宣传为主”。这些原则既是党的新闻舆论工作经验的宝贵总结，是党的新闻舆论工作光荣传统的继承发扬，又体现了新时代的新要求，赋予了新的内涵，是做好新闻舆论工作的根本保证。做好新闻舆论工作必须牢牢把握，时时遵循这些原则。

（一）牢牢坚持党性原则

习近平总书记强调：“党的新闻舆论工作坚持党性原则，最根本的是坚持党对新闻舆论工作的领导。党和政府主办的媒体是党和政府的宣传阵地，必须姓党。党的新闻舆论媒体的所有工作，都要体现党的意志、反映党的主张，维护党中央权威，维护党的团结，做到爱党、护党、为党；都要增强看齐意识，在思想上政治上行动上同党中央保持高度一致”。习近平总书记的这些论述指明了新闻舆论工作党性原则的基本内容和要求，是对马克思主义新闻观党性原则的新发展。……

（二）牢牢坚持马克思主义新闻观

习近平总书记指出：“新闻观是新闻舆论工作的灵魂。要深入开展马克思主义新闻观教育，引导广大新闻舆论工作者做党的政策主张的传播者、时代风云的记录者、社会进步的推动者、公平正义的守望者。”……

（三）牢牢坚持正确舆论导向

习近平总书记指出：“新闻舆论工作各个方面、各个环节都要坚持正确舆论导向。”坚持正确舆论导向，是新闻舆论工作的生命线。……

（四）牢牢坚持正面宣传为主

习近平总书记指出：“团结稳定鼓劲、正面宣传为主，是党的新闻舆论工作必须遵循的基本方针。”牢牢坚持正面宣传为主，是新闻舆论工作的重心和支点。……

——摘自：本书编写组《习近平新闻思想讲义（2018 版）》第二讲：《新闻舆论工作的方针原则》，人民出版社、学习出版社，2018 年 6 月

习近平所做的党的十九大报告，在第七节“坚定文化自信，推动社会主义文化繁荣”之第一点“牢牢掌握意识形态工作领导权”的论述中，涉及党的新闻舆论工作，共有 6 句话，即“坚持正确舆论导向，高度重视传播手段建设和创新，提高新闻舆论传播力、引导力、影响力、公信力。加强互联网内容建设，建立网络综合治理体系，营造清朗的网络空间。”

习近平将新闻舆论工作视为意识形态的一部分，这与毛泽东 20 世纪 50 年代对报纸或新闻事业的认识是一致的。他在第一点开头部分的论述，对于理解中国党的新闻舆论工作处于哪个层次、具有何种功能，给予了明确的阐释。习近平说：“意识形态决定文化前进的方向和发展道路。必须推进马克思主义中国化时代化大众化，建设具有强大凝聚力和引领力的社

会主义意识形态”。也就是说，党的新闻舆论担负着决定中国文化走向和道路选择的重大使命，应该成为建设中的“具有强大凝聚力和引领力的社会主义意识形态”的一部分。在这个背景下，习近平对新闻舆论工作提出了6句话的要求，前3句话是对新闻舆论工作的总体要求，后3句话是对已经占据新闻舆论分发市场的互联网工作提出的总体要求。6句话提纲挈领，表达明确、重点突出，值得逐句加以领会。

第一句“坚持正确舆论导向”。这是坚持党性原则在平日工作中的具体化要求。习近平在2016年2月19日党的新闻舆论座谈会上说：“新闻舆论工作各个方面、各个环节都要坚持正确舆论导向。各级党报党刊、电台电视台要讲导向，都市类报刊、新媒体也要讲导向；新闻报道要讲导向，副刊、专题节目、广告宣传也要讲导向；时政新闻要讲导向，娱乐类、社会类新闻也要讲导向……”任何传播的内容，存在是非的把握，不能为了吸引眼球而抛弃基本的道德和社会行为准则。舆论导向正确，就能凝聚人心，汇聚力量，推动事业发展；否则就会动摇人心，瓦解斗志，危害党和人民的事业。……

第二句“高度重视传播手段建设和创新”。这是习近平在2014年8月18日中央全面深化改革领导小组会议通过《关于推动传统媒体和新兴媒体融合发展的指导意见》时提出的要求，那时的行文表述尚没有现在这样完整。这次作为当前的首要任务，说明党领导的媒体融合进入了攻关的时刻。传统媒体现在仅在制作领域有一定的市场，而新闻分发的路径已经完全被社交媒体占据。如果没有传播手段的建设和创新，传统媒体就没有出路。习近平在2016年2月19日的讲话中对媒体融合的迟缓提出过批评。从总体上看，媒体融合发展很不平衡，有的是“+互联网”，即在原有编辑部之外附加一个新媒体编辑部，将传统媒体和新媒体作简单嫁接，而不是“互联网+”，即用互联网在技术上统领整个新闻舆论工作。他要求尽快从“加”的阶段迈向“融”的阶段。从那时到十九大又过去一年多了，十九大报告要求“高度重视传播手段建设和创新”，说明媒体融合的任务尚未顺利完成。没有手段的建设和创新，就无法兑现第三句关于传播效果的要求。

第三句“提高新闻舆论传播力、引导力、影响力、公信力”。这是对党领导的新闻舆论工作总体传播效果的要求，习近平早在2013年8月19日全国宣传思想政治工作会议的讲话中就提出了这样的要求，到2016年2月19日讲话，完善为现在的“四力”，即要求新闻舆论在空间流动、矢量方向、渗透浸润、人心向背这四个方面都要取得成效。这是难度很高的要求，每一点都需要制定相应的衡量标准，否则就有落实到词句上而无所作为的危险。……

通过逐句研究十九大报告关于新闻舆论工作的这6句话，可以归纳为这样几点要点的认识。

1. 要十分清楚，在中国现有的政治体制下，党的新闻舆论工作是意识形态的重要组成部分，而且对其领导权的争夺，是当前政治斗争的焦点之一。所以，习近平的十九大报告关于新闻舆论工作的要求，归到“牢牢掌握意识形态工作领导权”的论证之中。四年前，他的“8·19”讲话第一句话就是：“经济建设是党的中心工作，意识形态工作是党的一项极端重要的工作。”党在意识形态领域面临的斗争和较量是长期的、复杂的。因此，在集中精力进行经济建设的同时，一刻不能放松和削弱意识形态工作。思想防线被攻破，其他防线就很难守住。

2. 目前新闻舆论工作要“高度重视传播手段建设和创新”。这不仅是技术创新问题，更是保障传播是否具备“四力”的前提。达不到“四力”，党的精神无法贯彻，所有实际工作都难以展开。对照以往习近平的论述，尽管此前的几个讲话涉及这个问题，但如此正式而全面地在党的十九大报告中提出这样的要求，说明这是新情况下的新任务。

3. 目前互联网工作的重点在于“加强互联网内容建设”。以往习近平讲话涉及这一思想，使用的是喻证，而这次使用是正规话语，写入十九大报告，与“高度重视传播手段建设和创新”这一总体要求相对应。这里的内容建设，不是传统媒体的内容建设，而是互联网的内容。这个问题已经有所表现：互联网的内容不吸引人。如果只停留在网络管控上，不能参与进去、深入进去、运用起来，等于前功尽弃。所以，融合发展的同时必须坚持内容为王，以内容优势赢得发展优势。

十九大报告关于新闻舆论工作的论述是全面的，这里仅为了突出要点而做了各自的阐释。如果做一贯穿的阐释，可以这样表述：整体上，以坚持正确的舆论导向来体现党性原则，通过传播手段的建设和创新来保障传播效果具有足够的传播力、引导力、影响力、公信力。在互联网工作方面，内容建设与互联网治理互为条件，内容丰富了，需要治理的方面自然减少；治理本身为内容建设提供保障，最后达到网络空间清朗的目的。互联网内容建设的成功是整体新闻舆论工作做好的标志。

——摘自：陈力丹《坚持正确舆论导向，加强互联网内容建设——学习十九大报告关于新闻舆论工作的论述》，《国际新闻界》，2017年第11期（有删改）

（一）新闻舆论宣传与核心价值引领

作为社会舆论的重要组成部分，新闻舆论对人们价值观的影响不容忽视，舆论导向最终指向人们的价值观。坚持正确的舆论导向，离不开正确的价值观指导。价值观是人们对什么是“好的”与“坏的”，什么是“对的”与“错的”，什么是“应当的”与“不应当的”，什么是“值得的”与“不值得的”等问题所持的各种看法和观点。现实社会中多种价值观并存，就需要一种占支配地位的核心价值观来统领人们的思想，由此达成人们的基本共识。

纵观人类社会的历程，核心价值观是民族和国家发展最深层、最持久的力量。在几千年的历史长河中，精神的力量、文化的力量，是中华民族繁衍昌盛的原动力。虽历经劫难而不灭、屡遭困苦而不衰，中华民族在千锤百炼中始终保持着昂扬的民族自信心和顽强的修复能力，形成了以爱国主义为核心的共同情感和价值，孕育了自强不息、厚德载物、崇尚仁爱的博大精神。在不同的时代、不同的文化背景中，价值观是处于发展变化之中的，但也有着某些稳定的、普遍适用的因素。社会主义核心价值观，就充分体现了对中华优秀传统文化的传承和升华。每一个中国人的精神追求，我们评判是非曲直的价值标准，都应该以社会主义核心价值观为参照。

在今天的中国，社会主义核心价值观代表最广大人民群众的根本利益，契合了绝大多数人深层的意愿和诉求，是维系民族共同体的精神纽带，最大限度地使不同个体的思想共通、精神互渗和利益一致。如果缺乏广泛认同的价值标准，我们的发展、建设就会失去精神根基。习近平强调，我们要在全社会大力弘扬和践行社会主义核心价值观，使之像空气一样无处不在、无时不有，成为全体人民的共同价值追求，成为我们生而为中国人的独特精神支柱，成为百姓日用而不觉的行为准则。要号召全社会行动起来，通过教育引导、舆论宣传、文化熏陶、实践养成、制度保障等，使社会主义核心价值观内化为人们的精神追求、外化为人们的自觉行动。

社会主义核心价值观维护着精神世界的秩序，使我们国家有了共同的思想道德基础和心灵准则。要将亿万人民紧密地团结、凝聚为有机的整体，就必须最大限度地寻求利益和价值观交集点，建构全国各族人民共同的精神殿堂。对新闻宣传工作来说，必须强化社会主义核心价值观传播的阵地意识，坚持“底线思维”，引导受众分清是非界限、辨明善恶标准、澄清模糊认识、明确行为准则。

任何一个社会要良性发展，都必须有核心价值观作为精神支柱。发达的资本主义国家历来重视核心价值观建设，新闻舆论界、主流知识界和教育界在培育核心价值观的目标上大体是一致的，并创造了一整套自相一致、圆融贯通的话语系统。西方国家的政府利用各种社会力量，借助多样化的方式巧妙地向民众灌输核心价值观，显示了在意识形态整合上的高超技巧。他们还通过强势的国际传播体系、文化产业体系对外输出他们的价值观，在与其他国家进行话语竞争时显示出了优势，西方所主张的价值观给第三世界国家的核心价值观建设造成影响和冲击。西方发达国家主导着全球文化传播体系和国际话语权，这给我国的思想文化建设和核心价值引领带来巨大挑战。面对经济全球化以及新媒体环境中的舆论交锋、价值冲突，我们必须不断巩固、壮大社会主义核心价值观传播的渠道和阵地，夯实社会思想的主心骨，振奋民族精神，建设好各族人民共同的精神家园。

从某种意义上说，新闻舆论工作实质上是争夺人、塑造价值观的过程。我们的舆论宣传必须有明确的价值指向，显示出强烈的政治敏锐性，发出高度自觉的、趋于平衡的理性声音，在对新闻事实、信息的选择和阐释中体现出正面价值取向，最大限度抵制不良思想观念的侵蚀，引导社会发展主流和前进方向，促进人的心理和谐，实现社会的和谐、进步。正确的舆论引导就是要传播正能量、弘扬主旋律，引导社会心理、社会情绪，在新闻传播活动中使社会主义核心价值观获得受众的理解和认同，并与他们的现实生活、社会实践结合起来，成为帮助他们解释社会现象、定位自身方向的坐标和指针。

（二）切实防范错误的价值观误导

近年来，“中国模式”“中国道路”引起了世界性反响，中国取得的经济成就举世瞩目。然而，我们在总结发展经验、展望未来的同时，也不能忽视精神文化建设方面存在的问题。在多元思想的碰撞中，拜金主义、价值相对主义、道德虚无主义和个人享乐主义等思想冲击着人们的头脑，导致一些人价值观缺失，善恶、是非的观念模糊了，行为的底线被肆意践踏。加上改革开放进入“深水区”后，各种社会矛盾频发，价值冲突比较激烈，“信任危机”成为一个必须高度重视的问题。社会良性运转离不开价值观的整合，良好的社会秩序建立在大众的价值共识基础之上。当下错综复杂的思想状况与多元化的利益关系紧密相连，也给社会治理带来了较大的难度。社会建设和文化建设都需要合理引导人民群众的利益目标，即在尊重个人合理利益诉求的同时，通过卓有成效的体制、机制建设，努力实现个人“利益认同”与社会“价值认同”的统一。习近平总书记从“不断提高运用中国特色社会主义制度有效治理国家的能力”的高度，强调“推进国家治理体系和治理能力现代化，要大力培育和弘扬社会主义核心价值体系和核心价值观，加快构建充分反映中国特色、民族特性、时代特征的价值体系。”在国家治理中，社会主义核心价值观具有教化、整合和引导功能，可以为国家治理体系和治理能力现代化提供智力支持与价值保证。社会主义核心价值观既为社会治理注入强大的精神力量，也是社会治理的重要目标。将社会主义核心价值观融入舆论宣传之中，是化解现实风险和思想矛盾的必要选择。

从当前价值引导的总体状况来看，我国绝大多数的主流媒体能够坚持信息发布的权威性、公信力，努力发挥宣传教育功能，以正确的思想立场和主流价值观引导受众，激励广大人民群众积极投身于中国特色社会主义建设的伟大事业。客观地说，主流媒体在传播先进思想文化、营造良好舆论氛围方面具有不可替代的作用。

必须看到，社会生活和媒介环境处于不断变化之中，新闻传播的形态和质态也发生了深刻变化，人们的思维方式和价值取向受到多种复杂因素的影响。功利主义、消费主义、享乐主义等价值观在不少人当中蔓延。受各种芜杂社会思潮的冲击，少数媒体的社会责任意识淡薄，片面追求“眼球效应”和注意力经济，导致庸俗的炒作之风盛行，特别是社会新闻、娱乐新闻更容易出现价值迷失。例如，有的媒体出于猎奇、猎艳的低级趣味，过度聚焦凶杀暴力、贪污腐化案件，对其中的一些细节大肆渲染，将原本严肃的新闻报道变成了娱乐文本，影响人们对当今社会主流和整体情况的正确认识。还有一些媒体热衷于报道演艺圈“潜规则”、明星绯闻和丑闻，以畸形的审美观欣赏所谓的“网络红人”，助长了恶俗风气。再就是虚假新闻屡屡出现。有些媒体的品格和新闻的质量有待提升。甚至个别记者的人生观、价值观、职业观被扭曲，致使“有偿新闻”蜕变为“新闻敲诈”，违背了新闻工作者的职业操守、道德底线和法律底线。

尤其值得关注的是，在数字时代，传统的信息流动方式发生了前所未有的改变，由单向流动变为多向交互流动，意义和价值生产方式相应发生了很大变化。互联网、手机、微博、微信等新媒介形态的崛起，为多元思想和价值观传播提供了便捷通道。

新媒体建构的舆论空间，深刻地影响着大众的思想立场与价值观念。互联网等新媒体改变了大众的生活方式和沟通环境，无数人在网络空间中释放出参与热情，推动了新型网络民主的发展。然而，庞杂、无序的网络空间很容易出现“群体极化”，网络民意失控便很可能导致网络暴力，不当的“人肉搜索”侵犯着个人的隐私权。网络传播中海量的资源，降低了人们获取信息和知识的成本，但其中的内容也存在良莠不齐、泥沙俱下等问题。形形色色的“无厘头”恶搞文本，充满了对主流价值观的不屑和嘲讽。一些网站论坛、播客和微博“恶搞”民族英雄、历史名人、革命烈士和典型人物，狂欢式的网络庸俗文化表面上看颇有“创意”，迎合了部分年轻网民的心理，但其对主流价值体系的破坏性不容小视，民族精神、时代精神在游戏与调侃中被肆意亵渎。

以微博、微信为代表的自媒体、社交媒体激活了人们公共参与和传播的热情，其消息推送、朋友圈和公众平台等功能，迥异于传统的信息传播方式，相对于以往的导向把关也发生了很大的改变。涌动的信息大潮下潜伏着暗流，一些错误思想和价值观念在一定范围内传播开来。“一些人唯恐天下不乱，或望风捕影，夸大事实；或断章取义，歪曲事实；或杜撰虚构，伪造事实，推出一个个耸人听闻、似是而非的谣言。不管是以‘亲眼所见’吸引眼球，还是打着‘还原历史’的幌子，其目的都是要搞乱世道人心，不仅‘惑众’，更欲‘祸国’”。抵制谣言，防止错误的价值观误导用户，提倡以高品位内容净化社交媒体空间，这是数字时代的文明法则，也是构建主流文化不可或缺的。

（三）以正确的价值导向凝心聚力

在新媒体环境中，舆论的形成机制更复杂、渗透力更强，我们更需要正确的价值导向，更需要创新方式提升媒体治理效能。要做到价值导向正确，实现习近平总书记提出的“成风化人、凝心聚力”的要求，新闻舆论宣传要顾全大局、着眼于建设性，把报道重心放到鼓舞人民、充分调动人民为实现中国梦而奋斗的积极性和创造精神上来。媒体要引导人们正确认识社会发展的主流与支流，认真处理好正面报道与舆论监督、褒扬与针砭之间的关系，重点报道社会生活中积极、进步的内容，增强正面宣传的吸引力、感染力，努力取得良好的社会效果。具体而言，可以重点从以下几方面着手：

一是新闻媒体要加强正面报道的组织与策划，大力宣传先进人物和事迹，引领正确的价值导向。按照中共中央办公厅印发的《关于培育和践行社会主义核心价值观的意见》，新闻媒体要发挥传播社会主流价值的主渠道作用，“把社会主义核心价值观贯穿到日常形势宣传、成就宣传、主题宣传、典型宣传、热点引导和舆论监督中”。党报党刊、电台电视台要强势推出专栏专题，强化议题设置功能，将社会主义核心价值观融入多样化的报道形式之中。都市类、行业类媒体要立足自身优势，以通俗化、大众化的方式宣传社会主义核心价值观。传统媒体还应该与新媒体加强联动，形成多种载体、多样渠道交叉融合的立体场域，增强价值引导的合力。在报道内容上，要强化先进榜样的示范和激励作用。如先进模范是正能量的具体展现，是价值观的鲜活外化。新闻媒体要深入探寻榜样示范的传播机制，遵循新闻规律和心理规律，使先进思想易于被大众接受。

二是新闻工作者要增强责任意识和能力，将新闻运作的价值倾向融入真实、平衡的报道和理性的思考之中。新闻从业人员要以马克思主义新闻观为指导，严格约束自己，强化道德自律和职业精神，坚持不采写、发表错误导向的稿件。正所谓“打铁还需自身硬”，新闻记者要不断提升自己的思想认识和业务水平，扎根实际、扎根基层，在火热的现实生活中挖掘正面报道的鲜活题材，以新的传播语态营造主流价值传播的舆论场，如春风化雨般浸润受众的心田。编辑人员要始终坚持“守土有责”“守土尽责”，对稿件质量从严把关，在新闻稿件的选择、编排和处理中表现合理的价值倾向。通过编辑手段的运用，如根据报道内容灵活使用编者按、显著标题、大幅图片、背景资料等形式体现编辑意图，娴熟地驾驭版面语言，凸显有价值的强势信息。对于新闻评论工作者而言，应及时解读重大新闻、热点新闻，鲜明地昭示正确的政治立场和思想态度，引导受众以主流观点认识社会现实。面对满天飞的信息、喧嚣杂乱的声音，新闻评论的理性分析必不可少，对于错误的价值倾向必须敢于亮剑、勇于交锋，发出响亮的主流声音。

三是扶持重点新闻网站，掌握网络传播规律，营造清朗的网络空间。在网络媒介系统中，要让重点新闻网站发挥主力军作用，主要商业网站发挥积极的建设性功能，做好突发事件的信息发布、热点新闻的追踪报道、网民话题的及时回应。要加强网站内容建设，整合资源，构筑有广泛影响力的思想文化传播平台。要深入把握网民心理，通过有效的方式与网民互动，疏导公共危机事件中的偏激情绪，防止网民出现“群体极化”现象。同时，将新媒体中的代表性人士列为统战工作重点团结对象，发挥网络名人的价值引导功能。正如习近平总书记所说，“要加强和改善对新媒体中的代表性人士的工作，建立经常性联系渠道，加强线上互动、线下沟通，让他们在净化网络空间、弘扬主旋律等方面展现正能量。”网络名人进入建设者行列，可以带动更多网民认同主流价值观。另外，要加强对微博、微信等社交媒体的管理，用文明法治为社交媒体立规矩，设置信息和言论发布不可逾越的界限，反对蛊惑人心的信息与言论，推进网络空间的法治化、规范化。

——摘自：陈伟军《社会主义核心价值观引领舆论导向》，《中国出版》，2016 年第 8 期（有删改）

三、问题与思考及参考答案

1. 新闻舆论包含哪些基本要素?

答:(1)公众——新闻舆论的主体。在我国,工人、农民、知识分子和其他爱国者、劳动者作为社会的基本成员,是新闻舆论的主体部分,一切享有政治权利的公民都可以对国家事务、社会事务发表意见。

(2)最新事态——新闻舆论的客体。公众对最新事态的关注和议论,既是新闻舆论的一个基本特征,也是构成新闻舆论的一个基本要素。

(3)媒体表达——新闻舆论的表现形式。新闻舆论必须借助新闻媒体的公开传播才能够形成并发挥作用,因此媒体表达是其基本表现形式。

2. 简述新闻舆论产生的条件。

答:(1)要具备诱发新闻舆论的新闻事件。事实是新闻的本源也是新闻舆论的本源,是引发新闻舆论的诱因。

(2)要具备有利于媒体表达舆情的社会环境。宽松和谐的社会环境,有利于新闻媒体表达舆情。

(3)要具备有助于舆论传播的新闻媒体。新闻媒体是舆论传播的重要载体,更是新闻舆论传播的基本物质手段。

3. 简述新闻舆论的形成过程。

答:新闻舆论形成的过程一般要经历三个阶段。

(1)酝酿阶段。当新闻事件引起公众的普遍关注并引发不同意见,这些意见需要运用新闻媒体开展讨论的时候,新闻舆论就孕育而生了。

(2)形成阶段。经过思想交流,酝酿讨论形成的意见,通过新闻媒体传播后形成了新闻舆论。

(3)产生效应阶段。新闻舆论一旦形成,通过新闻媒体及时充分广泛地传播,就可以为更广泛的公众所了解,并对其思想和行为产生一定的影响。因此舆论一经形成和传播就会产生巨大的引领力量。

4. 新闻舆论有哪些基本特征?

答:新闻舆论具有现实性、导向性和影响力三个基本特征。

(1)新闻舆论的现实性,是指新闻舆论反映对象的时新性和传播效果的现实指导作用。新闻舆论对公众更好地认识最新事态,推动最新事态的解决和向前发展，具有很强的现实指导作用。

（2）新闻舆论的导向性，是指新闻舆论的引导作用。新闻舆论一旦形成，就要对社会舆论产生影响，通过各种不同意见的交流、讨论和争辩，公众会调整、补充或改变自己对社会事态固有的看法和意见，进而形成新的社会舆论，新闻舆论的这种导向作用是其发挥自身社会功能和作用的重要体现。

（3）新闻舆论的影响力，是指新闻舆论对公众精神和道义上的感染力与召唤感召力。新闻舆论对公众行为的影响通常具有普遍性；新闻舆论从精神上和道义上影响公众，多数时候不是立竿见影，而是循序渐进、潜移默化的，因此可以说是一种隐蔽的力量。在一定程度上可以对人们产生道义上的压力，迫使人们调整自己的行为，使之符合社会公认的道德准则。

5. 为什么说坚持正确的舆论导向，是社会主义新闻事业的一项重要任务?

答：新闻媒体必须把坚持正确的舆论导向摆在突出位置。在我国现阶段，坚持正确的舆论导向“就是要造成有利于进一步改革开放，建立社会主义市场经济体制，发展社会生产力的舆论；有利于加强社会主义精神文明建设和民主法制建设的舆论；有利于鼓舞和激励人们为国家富强、人民幸福和社会进步而艰苦创业，开拓创新的舆论；有利于人们分清是非，坚持真善美，抵制假恶丑的舆论；有利于国家统一、民族团结、人民心情舒畅、社会政治稳定的舆论”。这五个“有利于”全面概括了正确舆论导向的标准，为新闻媒体做好舆论引导工作指明了方向。

6. 坚持正确舆论导向有哪些重大意义?

答：新闻媒体的一个重要功能是反映、表达和引导舆论。新闻媒体作为重要的舆论工具是上层建筑的有机组成部分，是由一定的经济基础决定，服从服务于一定的经济基础，同时又反作用于经济基础。社会主义新闻媒体担负着“以正确的舆论引导人”的重要使命，舆论导向正确与否对党和人民的事业具有重大意义。

（1）舆论导向正确与否关系党和人民的福与祸。

（2）坚持正确舆论导向是巩固和加强党的执政地位的必然要求。

（3）坚持正确舆论导向有助于促进社会和谐，维护社会稳定。

7. 为什么说政治导向是新闻舆论导向的核心?

答：舆论导向最根本、最重要的导向是政治导向。坚持正确的舆论导向，关键是坚持正确的政治导向。

（1）坚持正确的政治导向要把理论导向放在首位。理论是旗帜，是方向。新闻媒体在理论宣传方面的导向，关系党的政治路线和方针政策的走向，是媒体意识形态属性的直接体现。

（2）坚持正确的政治导向要大力宣传党的基本理论、基本路线、基本纲领、基本经验。紧紧围绕以经济建设为中心，大力宣传改革开放，坚持以科学发展观指导经济社会的全面发展，坚持社会主义市场经济的改革方向，贯彻对外开放的基本国策，动员和组织全国人民聚精会神搞建设、一心一意谋发展。

（3）坚持正确的政治导向要大力宣传社会主义核心价值体系。要加强理想信念教育，弘扬以爱国主义为核心的民族精神和以改革创新为核心的时代精神，宣传集体主义、社会主义思想，宣传社会主义荣辱观，推动和形成与社会主义市场经济相适应，与社会主义法律规范相协调，与中华民族传统美德相承接的社会主义思想道德体系。

（4）坚持正确政治导向的同时，也不应忽视其他方面的导向，如文化导向、消费导向、生活导向、行为导向、知识导向等。

8. 简要论述如何在新时代背景下做好重大主题宣传。

答：重大主题宣传是新闻媒体为宣传党和政府的重大战略思想、重大战略任务、重大工作部署所进行的集中的、大规模的新闻宣传。开展重大主题宣传是加强舆论引导的重要形式，也是提升媒体权威性、思想性和影响力的重要途径。

组织重大主题新闻宣传要注意抓住四个着力点。

一是善于把党和政府的路线方针政策转化为具体的新闻媒体报道。

二是善于策划重大主题宣传，将策划的重点定位在以下六个方面：①党和政府的重要战略思想、战略任务、战略决策和宣传策划；②党和国家的重大活动、重要节庆和宣传策划；③新出台的政策法规的宣传策划；④重点工作、重大建设项目的宣传策划；⑤经济社会发展成就的宣传策划；⑥重要言论、重要观点的宣传策划。

三是善于整合新闻媒体的资源，充分发挥各种新闻媒体的优势，运用新闻媒体的联动形式的方式。

四是善于运用新闻报道的各种表现方法和形式。

9. 什么叫典型宣传？它有哪些特征？简要论述如何在新时代背景下做好典型宣传。

答：典型宣传通常是指对一定时期内出现的同类事物和人物中最突出、最具代表性的事物和人物所做的重要报道。它有两个明显特征：第一，典型宣传选择的是一定时期内最突出的人和事，具有时代性、先进性；第二，典型宣传选择的是最具代表性的人和事，对全局具有普遍意义。

做好典型宣传应特别注意以下三点：

一是要真实、可信。先进典型来自实践，生活在人民群众之中，典型宣传应真实的还原他们本来的面貌，无须添枝加叶，这才符合真实的要求。

二是要深入挖掘。典型具有巨大的示范作用，在先进典型身上往往蕴含着丰富的思想内涵，体现着鲜明的时代特征，要深入挖掘典型人物闪光的思想和感人的事迹，着力反映他们在平凡的岗位上做出了不平凡业绩。

三是要不断创新宣传方式。先进宣传的目的是要让群众想学愿学，便于参与和接受。任何一个先进典型本身都具有时代性，不同时代群众的接受兴趣和方式都不同，为了适应今天时代的要求，必须不断创新报道内容和报道方式。

10. 简述如何做好社会舆论引导工作。

答：社会舆论反映并影响人们的思想观念、价值判断、行为方式和利益取向，在对社会舆论进行引导的众多方式中，新闻舆论的作用最突出，充分运用新闻舆论，正确引导社会舆论，就是要用主流舆论引领非主流舆论，用正确舆论驳斥错误舆论。社会舆论引导工作要把握好两个重点：社会热点引导和重大突发事件引导。

（1）对社会热点的引导。社会热点，是指一段时间内公众强烈关注的事态或问题。新闻聚焦热点，热点产生效益。社会热点问题是新闻舆论引导中的重点和难点。

（2）对突发公共事件的引导。突发公共事件，是指突然发生，造成或可能造成重大人员伤亡、财产损失、生态环境破坏和严重社会危害，危及公共安全的紧急事件。突发公共事件主要分为自然灾害、事故灾难、公共卫生事件、社会安全事件四类。

对突发公共事件特别是对全局有重要影响的突发事件的报道，要坚持及时准确、公开透明、有序开放、有效管理、正确引导的原则，尽快启动突发公共事件新闻报道应急机制。做到第一时间报道权威信息，争取舆论引导的“第一落点”，抢占舆论引导的先机，防止炒作曲解。

11. 新形势下，我国舆论引导有哪些新特点？

答：随着我国经济社会的深刻变革，特别是信息传播技术的快速发展和信息传播渠道的日益扩大，我国的舆论环境和舆论格局正在发生深刻变化，舆论引导工作也发生了一系列变化，呈现出许多新的特点。

一是传媒体制的改革给舆论引导工作带来了影响。我国绝大部分新闻媒体已实行事业单位性质、企业化管理的运行模式，面对媒体体制发生变化的新情况，把握正确的舆论导向，显得更为重要和艰巨。

二是利益格局的调整和价值取向的多元增加了舆论引导的难度。随着改革的进一步深入，利益格局的进一步调整，我国的社会经济成分、组织形式、就业方式、利益关系和分配方式出现利益日益多样化的趋势，面对突发事件、敏感话题，民生问题，各种观点相互交织，统一认识的难度加大，舆论引导的难度加大。

三是信息传播技术的发展和受众需求的多样化改变了舆论引导的格局。随着传播技术的不断开拓创新和受众需求的多样化，新闻媒体分众化、对象化传播的发展趋势日趋明显，新兴媒体的迅猛发展给舆论格局带来了巨大的变化，也对舆论引导方式提出了新的要求。

四是统筹国内国际宣传两个大局的要求，使舆论引导工作更加复杂艰巨。随着我国社会经济的发展、综合国力的不断提升，中国的发展模式和发展道路得到越来越多国家的理解和认可，同时各种形式的“中国威胁论”也不断出现，统筹国内国际宣传两个大局，是今后舆论引导面临的新课题、新任务。

12. 如何增强新闻舆论引导的针对性和实效性？

答：增强新闻舆论引导的针对性和实效性就要认真研究新闻传播的现

状和趋势，深入研究各类受众群体的心理特点和接受习惯，从社会舆论多层次的实际出发，把握媒体分众化、对象化传播的新趋势，在报道新闻事实中体现正确导向，在同群众交流互动中形成社会共识，在加强信息服务中开展思想教育，化解矛盾，理顺情绪，引导各方面群众共同前进。

（1）坚持把体现党的主张和反映人民心声统一起来。党和人民利益的一致性，决定了新闻事业对党负责和对人民负责的一致性。

（2）把坚持正确导向和通达社情民意统一起来。社情民意又称舆情，反映的是一定时期内，公众对政治、经济形势以及社会现象的认识和看法。一定的舆情构成一定的“舆论场”，是社会发展状况的“温度计”和“晴雨表”。特别要重点反映和引导三个方面的舆情，一是及时反映重大决策部署方面的舆情，二是及时反映突发事件方面的舆情，三是及时反映社会热点方面的舆情。

（3）把坚持正面宣传为主和加强改进舆论监督统一起来。提高新闻舆论的引导能力，既要坚持正面宣传为主，又要积极开展舆论监督。宣传的基调应该是昂扬向上的，能给人民群众以信心和力量，工作的出发点应该是注重社会效果，以社会效益为最高准则，利用新闻媒体开展舆论监督，是人民群众行使民主权利的一种有效形式，是人民群众表达意愿、实现有序政治参与的重要渠道。

13. 如何增强新闻舆论引导的吸引力和感染力？

答：（1）增强舆论引导的权威性。舆论引导的权威性，是指新闻媒体在报道新闻和引导舆论方面所具有的令人信服的力量和威望。只有不断增强舆论引导的权威性，才能使新闻报道和评论为更多的受众所接受，从而使舆论引导取得实际效果。

（2）增强舆论引导的时效性。舆论引导的时效性是指新闻媒体引导舆论时要善于把握时机，以适时适度的新闻报道取得良好的舆论引导效果，面对重大突发事件，力争在第一时间内发布权威信息，提高时效性，增加透明度及满足受众的需求，扩大媒体的影响力。

（3）提高舆论引导的艺术性。舆论引导是一门艺术，提高舆论引导的艺术性，是增强舆论引导吸引力和感染力的关键因素，要坚持新闻报道作品深刻的思想性和精湛的艺术技巧的统一，要不断改进文风，要不断丰富报道方式，创新报道手法。

14. 如何建立和健全舆论引导工作的新机制？

答：（1）健全新闻宣传管理部门的领导机制，通过宏观指导和重大议题设置把握舆论主导权。

（2）健全政府发言人制度和与之相配套的新闻发布制度，通过权威、主动、周到的信息服务把握舆论主导权。

（3）以主流媒体为主力军，通过唱响主旋律、打好主动仗、增强影响力，把握舆论主导权。

（4）建立报网互动机制，依法管理网站，通过社会热点网上引导机制把握舆论主导权。

（5）强化舆情监测分析机制，通过全面详细的舆情掌控和准确科学的舆情预见把握舆论主导权。

（6）通过建立和健全突发公共事件的新闻报道机制，把握舆论主导权。

15. 如何理解党媒必须姓党？

答：习近平总书记强调，党和政府主办的媒体是党和政府的宣传阵地，必须姓党。党媒姓党，是党的媒体的根本属性，是新舆论工作党性原则最根本的原则。

（1）党媒姓党，是党媒的客观属性，不是强加的，也不是臆造的。党的性质、党的新闻舆论工作性质、党与媒体的关系决定了党媒姓党。

（2）党媒理应姓党。革命、建设改革各个历史时期，党始终都是坚强的领导核心。正是在党的领导下，中国革命在风雨中前行，社会主义建设如火如荼，改革开放高歌猛进。我们党作为执政党，是中国特色社会主义事业的领导核心，是实现中华民族伟大复兴的中流砥柱。党政军民学，东西南北中，党是领导一切的。新闻舆论事业是中国特色社会主义事业的重要组成部分，新闻舆论工作不可能脱离党的领导，必须自觉接受党的领导，体现党的要求。

（3）党媒天生姓党。党的新闻舆论工作是党的事业的重要组成部分，是党的一项重要工作，是党治国理政、定国安邦的大事。党媒因党而生，因党而兴。党要管党，当然要领导党的新闻舆论工作，管理党的新闻事业，发挥党的媒体的重要作用。

（4）党媒必然姓党。党和政府主办的媒体，是党的宣传阵地，体现党的意志，为党的事业服务。没有党主办，就不会有党媒的存在，没有党领导，就不会有党媒的发展。历史早已证明，坚持党的领导，党媒就兴旺发达，背离党的领导，党媒就走上邪路。

（5）党媒始终姓党。党媒姓党是党的新闻舆论工作的优良传统。1921年中国共产党第一次全国代表大会通过的决议，就明确提出宣传工作是党的事业的重要组成部分，须置于党的统一领导之下。从第一个党的机关报《向导》开始，党的报刊就始终与党风雨同舟，党的媒体始终与党密不可分，成为推进党的工作的有力武器。

坚持党媒姓党，就是要摆正新闻媒体与党的关系，自觉自愿地接受党的领导，毫不动摇地听从党的指挥，一心一意地服务党的事业。斗转星移，时代变迁，历史条件发生了很大变化，但是党的性质、党媒的属性、党和媒体的关系没有变，党性原则就没有变，党媒就必须姓党。

16. 如何理解“坚持党性和人民性是相统一的”？

答：党性和人民性从来都是一致的、统一的。我们党是全心全意为人民服务、代表中国最广大人民根本利益、来自人民为了人民的马克思主义政党。从本质上说，坚持党性就是坚持人民性，坚持人民性就是坚持党性。

（1）党的利益与人民利益相统一。全心全意为人民服务是党的根本宗旨，以人民为中心是党的一切工作的出发点。党代表最广大人民群众的根本利益，党没有自己的特殊利益。人民的利益就是党的利益，人民的追求就是党的追求。

（2）党的执政地位与人民的主体地位相统一。我国是人民当家做主的社会主义国家，人民是国家的主人。党作为执政党，代表人民治国理政。党的执政地位来自人民的授权和拥护，人民是党执政的最深厚基础。

（3）党和人民关系相统一决定了新闻舆论工作党性和人民性相统一。党的新闻舆论工作性质与人民对新闻舆论的要求相一致。党的新闻舆论工作坚持以人民为中心的工作导向，就要与党和人民同呼吸共命运。

（4）党性来源于人民性，党性引领人民性。党是中国工人阶级的先锋队，也是中国人民和中华民族的先锋队，代表中国先进生产力的发展要求，代表中国先进文化的前进方向，代表中国最广大人民的根本利益。这种先进性集中体现了人民群众的要求，引领人民性发展的方向。

（5）坚持党性和人民性相统一，就要坚持认识上的一体性，不能把二者对立、割裂，二者内在统一，相辅相成，你中有我，我中有你，坚持党性就是坚持人民性，坚持人民性就是坚持党性。

（6）坚持党性和人民性相统一，就要坚持实践上的一体性，把宣传党的主张和反映人民呼声有机结合，二者不是各自独立的工作，更不是对立的工作，而是一体进行的工作，既接天气，又接地气。

17. 习近平总书记指出："党的新闻舆论工作是党的一项重要工作，是治国理政，定国安邦的大事。"请简要论述新闻舆论工作的地位作用。

答：习近平总书记站在新的历史方位，着眼党和国家工作大局，科学界定了党的新闻舆论工作的性质地位，明确了党的新闻舆论工作的职责使命，提出了党的新闻舆论工作必须坚持的方针原则，使党的新闻舆论工作站位更高、责任更重、方向更明。

（1）新闻舆论工作是党的一项重要工作。新闻舆论工作之所以重要，根本在于新闻舆论工作是党的意识形态工作的重要方面，是最前沿、最直接、最有影响力的意识形态工作，是党的工作的重要组成部分，直接服务于党的工作全局。

（2）新闻舆论工作是治国理政、定国安邦的大事。习近平总书记强调党的新闻舆论工作是治国理政、定国安邦的大事，这是对新闻舆论工作性质作用的新定位，使新闻舆论工作与党的执政地位紧密联系在一起，直接服务于党的执政大业，在治国理政、定国安邦中发挥巨大作用。

（3）"五个事关"关系重大。习近平总书记指出："做好党的新闻舆论工作，事关旗帜和道路，事关贯彻落实党的理论和路线方针政策，事关顺利推进党和国家各项事业，事关全党全国各族人民凝聚力和向心力，事关党和国家前途命运。""五个事关"关系的都是党和国家全局性的工作，关系的都是人民群众的根本利益，关系的都是党和国家的长远发展。"五个事关"是治国理政、定国安邦大事的集中体现，是对新闻舆论工作定位、作用的进一步深化和拓展。

（4）从党的工作全局出发把握定位。习近平总书记指出："必须从党的工作全局出发把握党的新闻舆论工作，做到思想上高度重视、工作上精准有力。”从党的工作全局出发把握党的新闻舆论工作，既是对新闻舆论工作的准确定位，也是对新闻舆论工作的基本要求。

四、参考书目

1. ［美］马克斯韦尔·麦库姆斯. 议程设置：大众媒介与舆论（第二版）［M］. 郭镇之，徐培喜，译. 北京：北京大学出版社，2018.

2. ［美］沃尔特·李普曼. 舆论［M］. 常江，肖寒，译. 北京：北京大学出版社，2018.

3. ［德］伊丽莎白·诺尔-诺依曼. 沉默的螺旋·舆论：我们的社会皮肤［M］. 董璐，译. 北京：北京大学出版社，2013.

五、历年考研的相关真题

1. 舆论引导（暨南大学，2014）

2. 舆论场（北京大学，2015）

3. 官方舆论场（北京师范大学，2018）

4. 简述新闻与舆论的关系。（湖南大学，2018；复旦大学，2017；武汉大学，2015、2013；中国传媒大学，2011）

5. 简述舆论及其特点。（兰州大学，2018）

6. 从新闻媒体与社会舆论的三种关系出发，谈谈如何实现舆论良性互动。（华中师范大学，2018）

7. 试论述如何构建良好的舆论环境。（中南财经政法大学，2015、2018）

8. 当前我国新闻界新老媒体联动日益成为常态，新老媒体联动呈现出怎样特征的舆论新格局？请举例说明。（中国科学技术大学，2015）

9. 在中国共产党第十九次全国代表大会上，习近平总书记提出了“决胜全面建成小康社会，夺取新时代中国特色社会主义伟大胜利”。论述在“新时代”应当如何按照新闻传播规律开展新闻舆论工作，实现“坚持正确方向”和“提升新闻舆论引导力、传播力”的统一。（中国人民大学，2018）

10. 在中国当下的公共讨论中，微信平台已成为重要的网络舆论场之一，为了更好地治理微信舆论场，国家网信办颁布了一系列规定，例如依法关停了一批违规微信公众号，请你思考这一现象，对微信舆论场的特点进行分析，并对目前政府对微信的治理策略进行评价。（中山大学，2017）

11. 论述两个舆论场的特点及相互关系。（中国传媒大学，2015）

12. 两个舆论场无法统一是现阶段最大的问题，请分析原因并提出应对方法。（清华大学，2017）

13. 2012 年 12 月中宣部发出《关于贯彻党的十八大精神切实改进文风的意见》，要求宣传思想文化战线把改进文风作为宣传贯彻党的十八大精神、落实中央政治局八项规定的重要任务，作为改进工作、提高舆论引导能力的重要机遇，下大决心大气力抓紧抓好。

请结合实际，论述十八大后主流媒体改文风的创新实践，以及新闻界改文风对提高媒体公信力、提高舆论引导能力的意义。（中国传媒大学，2013）

14.《人民日报》2013 年 4 月 30 日头版发表评论《网络真情并不完全等同现实民意》，你怎么看待网络舆论与现实民意之间的关系？如何看待网络世界的“众声喧哗”？如何改善网络舆论生态，使其成为社会进步的动力？请结合具体实例，谈一谈你对上述问题的看法。（中国青年政治学院，2014）

15. 联系实际，谈谈新媒体环境下我国舆论格局的变化以及主流媒体应该怎样提升舆论引导艺术。（中国传媒大学，2014）

16. 试论新媒介环境下如何进行舆论引导？（中国传媒大学，2016）

17. 在新媒体时代，如何发挥传统媒体对舆论的引导力。（复旦大学，2015）

第八章　新闻舆论监督

一、重要概念阐释

1. 舆论监督

广义的舆论监督，是指民众通过各种公开形式对国家和社会事务进行监督的行为。狭义的舆论监督，是指新闻舆论监督，即人民群众通过新闻媒体，对国家和社会事务进行监督的行为，新闻舆论监督是一种特殊的监督形态。

2. 新闻舆论监督

新闻舆论监督是人民群众通过新闻媒体对国家和社会事务进行监督批评的重要途径，是社会主义民主的重要形式，是我国社会主义监督体系的重要组成部分，新闻舆论监督的主体是人民群众监督的主要对象，如公共权力、公共事务和公众人物。

二、文选

习近平总书记在党的十九大报告中强调："落实意识形态工作责任制，加强阵地建设和管理，注意区分政治原则问题、思想认识问题、学术观点问题，旗帜鲜明反对和抵制各种错误观点。"现实情况表明，新闻媒体已经成为各种势力争夺的重要阵地，特别是各种敌对势力都在同我们争夺新闻舆论阵地，同我们争夺人心、争夺群众，新闻舆论工作处在意识形态斗争最前沿。千万不能天真，不能大意，不能退缩，必须打赢新闻舆论争夺战。舆论引导和舆论监督是社会主义新闻事业的两大功能。在加强舆论引导的同时，还要重视发挥舆论监督的作用。舆论监督是加强党的建设和民主政治建设的一项重要内容。不受制约和监督的权力，必然会腐败变质。能否有效地制止腐败现象关系到党的生死存亡和中国特色社会主义事业的成败。这就需要建立各种有效的监督机制，而新闻媒体的舆论监督是最经常、公开、广泛的一种监督方式。

坚持正面宣传为主，绝不意味着放弃舆论斗争。在事关坚持还是否定四项基本原则等大是大非和政治原则问题上，我们必须增强主动性，掌握主动权，打好主动仗。要敢抓敢管，敢于交锋，敢于亮剑，着眼于团结和争取大多数，有理有利有节开展舆论斗争，帮助干部群众划清是非界限、澄清模糊认识。对一般性争论和模糊认识，不能靠行政、法律手段解决，而是要靠马克思主义真理的力量，靠深入细致的思想政治工作，用真理揭露谎言，让科学战胜谬误。在涉及不同学术观点时，要把学术问题和政治问题区分开来，坚持和发扬学术民主，鼓励争鸣，提倡不同学术观点、不同风格学派彼此尊重、相互切磋、平等交流。

正如毛泽东同志所说：“我们必须坚持真理，而真理必须旗帜鲜明。我们共产党人从来认为隐瞒自己的观点是可耻的。我们党所办的报纸，我们党所进行的一切宣传工作，都应当是生动的，鲜明的，尖锐的，毫不吞吞吐吐。这是我们革命无产阶级应有的战斗风格。我们要教育人民认识真理，要动员人民起来为解放自己而斗争，就需要这种战斗的风格。”宣传思想战线的同志要当战士，不当绅士，不做“骑墙派”和“看风派”，不能搞“爱惜羽毛”那套。学习领会习近平新闻思想，就是要履行好自己的神圣职责和光荣使命，以战斗的姿态、战士的担当，积极投身宣传思想领域斗争一线。只有在舆论斗争中掌握主动权，正面宣传才有底气，才有说服力。坚持真理必须旗帜鲜明，决不能模棱两可、含糊其词。

舆论引导和舆论监督是社会主义新闻事业的两大功能。在加强舆论引导的同时，还要重视发挥舆论监督的作用。舆论监督是加强党的建设和民主政治建设的一项重要内容。不受制约和监督的权力，必然会腐败变质。能否有效地制止腐败现象关系到党的生死存亡和中国特色社会主义事业的成败。这就需要建立各种有效的监督机制，而新闻媒体的舆论监督是最经常、公开、广泛的一种监督方式。

开展新闻舆论监督，应该始终坚持重在建设，站在维护国家和人民利益的立场上，以改进工作、解决问题为目的，发挥新闻舆论监督在统一思想、凝聚力量、促进改革发展、维护社会稳定中的积极作用。这是习近平总书记反复强调的重要观点。

新闻媒体要直面我们工作中存在的问题，直面社会丑恶现象和阴暗面，有利于发现问题和解决问题，从而营造良好的新闻舆论工作氛围。对人民群众关心的问题、意见大反映多的问题要积极关注报道，及时解疑释惑，引导心理预期，推动改进工作。从实际情况看，既有新闻单位不大善于批评的问题，也有被批评者包括一些领导机关、领导干部不习惯不适应批评的问题。有些地方和部门遇到敏感复杂事件，习惯于采取“捂盖子”的做法，有的还通过宣传部门“灭火”。这种做法在信息社会无异于掩耳盗铃。不能怕自己的“形象”“利益”受到损害而限制媒体采访报道。同时，媒体发表批评性报道，事实要真实准确，分析要客观，不要把自己放在“裁判官”的位置上。

对群众正常、合理、善意的批评和监督，不论多么尖锐，都应该欢迎，都不要压制；不仅要欢迎，而且要认真听取、切实加以改正。同时，要讲清楚一个道理，对待问题必须持正确态度，不能遇到一些问题就全盘否定自己的道路、理论、制度、文化，就全盘否定自己的历史和奋斗。在对待中国特色社会主义这个问题上，在对待中国发展道路和发展模式上，社会上还存在一些模糊的认识甚至错误的观点。有的以偏概全，攻其一点、不及其余，把形势说得一片漆黑；有的沽名钓誉，把谩骂作为出名的手段，以博得一些喝彩；有的妄自菲薄，总觉得中国什么都不好。这些人里面，有的是认识模糊，有的是思想方法问题，有的是政治立场问题，情况是不一样的。要区分情况，把工作做深、做细、做实。

新闻媒体需要科学开展舆论监督，自觉运用马克思主义新闻观指导调查采访工作，尊重客观事实，不主观臆造、不弄虚作假。舆论监督必须在宪法和法律范围内进行，自身也要知法守法，不能把舆论监督弄成舆论审判。要讲求监督事实的准确性、监督过程的科学性。舆论监督自身也要接受监督，绝对不能容许个别媒体记者滥用监督敲诈勒索，败坏舆论监督的名声，影响舆论监督的正常、健康和有序进行。

——摘自：本书编写组《习近平新闻思想（2018 年版）》第三讲《提高新闻舆论工作能力和水平》，人民出版社、学习出版社，2018 年 6 月（有删改）

“坚持以正面宣传为主”作为我党的新闻宣传方针被正式提出，是在 1989 年 11 月 25 日中共中央宣传部举办的全国省、市、自治区党报总编辑新闻工作研讨班上。当时，时任中共中央政治局常委的李瑞环同志发表了题为《坚持正面宣传为主的方针》的讲话。讲话中他说：“改进新闻工作需要研究和解决的问题很多。无论是从新闻工作的一般意义上讲，还是从当前各方面的实际情况来讲，或是从稳定是压倒一切这个大局来讲，关键的问题是新闻报道必须坚持以正面宣传为主的方针，这是社会主义新闻事业必须遵循的一条极其重要的指导方针。坚持这个方针，就是要准确、及时地宣传党的路线、方针、政策，实事求是地反映社会现实生活的主流，让人民群众用创造新生活的业绩教育自己，形成鼓舞人们前进的巨大精神力量，在当前就是要造成一个有利于稳定局面的舆论环境。”他的讲话有当时的特殊背景，所以李瑞环同志强调“让人民群众用创造新生活的业绩教育自己，形成鼓舞人们前进的巨大精神力量”。

什么是正面？他强调了 7 个方面的“鼓舞和启迪”，指出：“我们所说的‘正面’，所说的‘为主’，就是要着力去宣传报道鼓舞和启迪人们发展社会生产力的东西，鼓舞和启迪人们坚持四项基本原则、坚持改革开放的东西，鼓舞和启迪人们加强社会主义民主和法制建设的东西，鼓舞和启迪人们推进社会主义精神文明建设的东西，鼓舞和启迪人们热爱伟大祖国和弘扬民族文化的东西，鼓舞和启迪人们维护国家统一和民族团结的东西，鼓舞和启迪人们为推动世界和平与发展而斗争的东西。总之，一切鼓舞和启迪人们为国家的富强、人民的幸福和社会的进步而奋斗的新闻舆论，都是我们所说的正面，都应当努力加以报道。”

李瑞环同志的讲话分为 12 个方面，前面论证了正面宣传为主，后面论证了批评报道和舆论监督，他又强调：“坚持正面宣传为主的方针，不是不要批评报道。重视和改进批评报道，同样是新闻事业的社会主义性质和党性原则决定的。批评与自我批评，包括新闻批评，是我们党的建设的重要法宝之一，是我们党克服消极思想侵袭、保持健康肌体的有力武器。正因为如此，我们党历来重视在报刊上开展批评。”“坚持正面宣传为主的方针与正确地实行舆论监督是一致的。”同时，他还谈到“要使正面宣传为主的方针取得良好效果，必须努力提高宣传艺术”。但正面宣传和舆论监督如何做到一致，他的讲话中没有展开详细的论述。

从此，“以正面宣传为主”作为我国新闻和宣传工作的一项方针被确定下来。但在执行中，“报喜不报忧”实际上成为工作常态，“正面为主”长期以来被理解为以报道好事、正面的事情为主，舆论监督、批评报道被视为涉及坏事和负面的事情，自然不能“为主”。

在2013年8月19日的全国宣传思想工作会议上，习近平要求“坚持团结稳定鼓劲、正面宣传为主，是宣传思想工作必须遵循的重要方针”。但随后的贯彻执行，大体仍在20多年前的理解层面上。

在2016年2月19日召开的党的新闻舆论工作座谈会上，习近平总书记再次提出：“团结稳定鼓劲、正面宣传为主，是党的新闻舆论工作必须遵循的基本方针”，他同时对正面宣传与舆论监督的关系，做了十分精辟的论证，从而阐述清楚了“正面宣传”的内涵，把“正面宣传”与“舆论监督”的关系梳理清楚了。

要完整理解正面宣传与舆论监督的关系，需要从以下几个层面提高认识。

第一，正面报道为主，不是说只能讲正面，不能讲负面，关键要处理好主流和支流、全局和局部、成绩和问题的关系，搞清楚个别真实和总体真实的关系，把握好平衡，在宣传的整体上呈现主流、成绩和全局的正能量，从宏观上把握和反映事物的全貌。

显然，总体上把握好正面与负面的平衡，宏观上体现正能量，是理解正面宣传为主的钥匙，而理解为“只能讲正面而不许讲负面”则是错误的。一件负面的事实发生了，不应回避不报，但若连篇累牍地集中报道，忽略了主流、全局正面的情形，这样的报道不能说贯彻了正面报道为主的方针。要做好“正面宣传”，还要注意引导群众多看主流，不被支流和表面现象支配，不把点上的问题说成面上的问题，不把个别问题说成整体问题，不把局部问题说成全局问题。

第二，对人民群众关心的问题、意见大反映多的问题，要积极关注报道，及时解惑释疑，引导心理期待，要善于批评和报道，通过新闻报道推动改进工作。

习近平同志一向关注人民群众，他为《浙江日报》的“之江新语”栏目写了232篇小言论，编书成集后的第一篇言论的标题就是《做人民群众的贴心人》。群众关心的、意见大的、反映多的事实，大多是我们工作中的问题，不应回避，而要通过解疑释惑，协助党政机关解决问题，推动改进工作。以这样的思路来报道，虽然涉及的大多为负面事实，但报道的形式和目的是正面的。

第三，对重大原则问题、明显的大是大非问题，不能当绅士和做“看风派”。有的问题本来就是党和政府坚决反对的，不能闪烁其词，让群众产生误解，好像在包庇这些事和人似的。

习近平总书记谈到的这种情形正是有的媒体经常发生的问题。面对一些明显违反党的政策的事实，有的媒体报道和评论或闪烁其辞，甚至以各种正面的理由为其辩护，这样的“正面报道”实为负面报道，造成很坏的社会影响。

第四，要保障所报道的事实的真实可靠，不论是好事还是坏事，新闻真实容不得一丁点马虎，否则最真实的部分也会让人觉得不真实。要防止简单的“一因一果”判断，注意一因多果、一果多因、互为因果、因果转换等复杂情形。对问题的分析要客观，不要把自己放在“裁判官”的位置上。

第五，一些没有什么特别意义的事情，不报道不会产生社会影响，而一旦经过媒体报道，特别是连篇累牍、不厌其烦地报道，就会被放大，造成社会缺乏精气神，散掉人心。这样的报道就没有贯彻正面报道为主的方针。……

第六，一些领导机关和干部应当对舆论监督有一定的承受力，不能一遇到敏感复杂的问题，就采取“捂盖子”等方式来应对舆论监督。关键时刻，各级党委和政府要承担起新闻信息的发布者和权威定调者的角色。出现负面事实，早说比晚说好，自己说比别人说好。

有的地方和部门还往往打着正面宣传为主的旗号来压制媒体的舆论监

督。这种情形在信息社会造成的是掩耳盗铃的传播效果，明显产生负面影响。这也是一种对正面宣传为主的曲解。习近平同志2011年3月1日在中央党校春季学期开学典礼上谈到，没有矛盾，就没有世界和发展。矛盾和问题是普遍存在的，他要求各级领导干部不要怕遇到矛盾和问题，而要敢于正视矛盾和问题；不要绕开矛盾和问题走，而要同群众一道千方百计地去求得矛盾和问题的及时正确解决。新闻舆论工作也应该如此。

第七，正面宣传要用心用情去做，让群众爱看爱听。那种堆砌一堆套话、官话的宣传其实达不到正面宣传的目的。用一种模式应对各种不同的接受群体，宣传也可能适得其反。

这是一类“以正面宣传为主”理由下的负面表现，习近平同志一直反对这样的宣传路数。他强调，正面宣传绝不等于说一堆正确的政治套话，不能剪刀加糨糊，简单拼凑和形式主义的表达。他要求提高正面宣传的质量和水平，增强吸引力和感染力。

——摘自：陈力丹《“舆论监督和正面宣传是统一的”——学习习近平同志“2·19”讲话》，《新闻与写作》，2017年第1期（有删改）

对于执政党而言，新闻传媒无疑是其重要的执政资源之一。执政党为巩固自己的执政地位，无疑需借助新闻传媒的力量。而如何使用新闻传媒，又考验着其执政能力。使用新闻传媒达到什么样的水平，折射出其执政能力所达到的水平。

在我国的国情条件之下，执政党使用新闻传媒的能力，说到底就是通过媒体引导社会公众舆论的能力……舆论引导、舆论监督都有赖于对新闻事实的真实准确的报道，有赖于在此基础上所做的恰到好处的分析、评论。这属于新闻传播规律的范畴。站在加强党的执政能力建设的高度看使用新闻传媒的问题，强调领导者和管理者要有遵循新闻传播规律的意识。舆论引导需要从新闻事实中揭示其本身所蕴含的真善美因素；舆论监督需要揭露新闻事实中的假丑恶，并进而引起人们的深思和警惕。真实报道新闻事实，是进行舆论引导和实施舆论监督的最起码的要求，是必须遵守、不可违拗的法则。在这一点上，两者的要求是完全一致的……

舆论引导和舆论监督，是执政的中国共产党在使用新闻传媒、处理与新闻传媒的关系过程中，经常要面对的两个重要命题。将舆论引导、舆论监督与新闻传媒所报道的事实联系起来考察，我们看到，两者在新闻真实性方面有着颇为严格的相同之处，毕竟它们都要凭借新闻信息的有效传播、靠真实的事实的力量才能发挥自己的应有作用，获得主动权和立于不败之地。将两者与社会舆情相联系进行考察，我们看到，对舆情的调查、分析是舆论引导的起点，同样也是舆论监督的起点。可以说，它们都有赖于对于舆情的深切了解和准确把握。将两者与受众相联系进行考察，可以使我们明了许多事理。媒体进行舆论引导，必须善待作为引导对象的媒体受众（人民群众），尊重人民群众的国家主人和历史活动主体的身份，尊重他们的知情权等民主权利；实施舆论监督，则必须善待作为监督行为的主体的受众（人民群众），没有他们的广泛热情的参与，舆论监督就会捉襟见肘、难以为继，媒体即使开展了舆论监督也未必就能取得预期的良好效果。将舆论引导、舆论监督与党的意志联系起来进行考察，使我们看到它们在体现党的意志方面的一致性。

……舆论引导与舆论监督，在体现党的意志、在社会舆情中捕捉信息、依据事实进行真实报道、通过受众发挥作用（使引导和监督产生正向的效果）等方面，有着高度的一致性；而受众在舆论引导与舆论监督中所处的地位和所发挥的作用方面，舆论引导与舆论监督在所涉事实具有正面还是负面性质方面，也存在着一定的差异。作为一种能够发挥特殊作用的方式，舆论监督甚至也可以包含在舆论引导的范畴之中，它能起到一般的舆论引导所无可取代的引导作用。具有加强党的执政能力建设自觉意识的领导者，不仅重视通过新闻传媒进行舆论引导，而且也一定重视借助新闻传媒实施舆论监督；如果缺少其中任何一项，则均未达到加强党的执政能力建设的目标要求。

——摘自：丁柏铨《论舆论引导与舆论监督之关系——从加强党的执政能力建设的角度进行考察》，《杭州师范学院学报》，2007 年第 3 期（有删改）

三、问题与思考及参考答案

1. 新闻舆论监督具有哪些特征？

答：（1）公开性：新闻媒体的信息向公众开放，公民享有获取新闻媒体信息的权利，新闻舆论监督正是通过新闻媒体所具有的公开传播的特性来达到公共监督和社会制约的目标。新闻舆论监督的基本途径就是公开报道和评论。

（2）群众性：新闻舆论监督的力量来自人民群众，是直接诉诸人民群众而形成的社会舆论力量。从本质上说新闻舆论监督就是人民群众的监督，为维护人民群众的利益而实施的监督，站在人民群众的立场上进行的监督。

（3）广泛性：新闻舆论监督和其他监督形式相比，有明显的广泛性，社会各个团体，各个阶层的人物，都能参与新闻舆论监督活动。

（4）及时性：由于新闻舆论监督是通过现代传媒进行的，信息传播的电子化、网络化使得这种监督方式具有迅速便捷的特点，一是新闻报道及时，二是新信息反馈及时，三是重塑形象及时。

2. 简述新闻舆论监督的地位和作用。

答：（1）新闻舆论监督是人民当家做主的具体体现。我国是社会主义国家，人民是国家的主人，享有充分的民主权利，监督权是人民行使社会主义民主权利的一种重要表现形式。

（2）新闻舆论监督是社会主义民主政治建设的有效途径。新闻舆论监督是社会主义民主政治建设的重要动力和重要内容；是推进党和政府决策民主化、科学化的重要途径；是社会主义条件下正确处理人民内部矛盾的有效方式；新闻舆论监督的开展，本身就是一种普遍的社会教育和群众自我教育活动。

（3）新闻舆论监督是建构建社会主义和谐社会的重要保证。构建社会主义和谐社会是当今中国社会发展的重大战略选择和战略目标，新闻舆论监督则是构建社会主义和谐社会的一种有效的社会协调机制。

（4）重视新闻舆论监督是马克思主义政党的优良传统。马克思主义把舆论监督作为维护党的纯洁性，发扬民主、维护社会公平与正义的重要手段。

3. 我国新闻舆论监督的主体和客体分别是什么？为什么？

答：（1）我国新闻舆论监督的主体是人民群众。人民群众当家做主是社会主义民主政治的本质和核心，人民群众根据宪法赋予的“言论自由”

的权利，以及“对于任何国家机关和国家工作人员，提出批评和建议的权利”，通过新闻媒体发表自己的观点和意见建议。没有人民群众的参与，就不可能形成社会舆论，舆论监督也就无从谈起。

（2）新闻舆论监督的客体就是指新闻舆论批评与监督的对象，新闻舆论监督的主要对象是公共权力、公共事务和公共人物，凡是与公共资源公共利益相关的机构、人物和事物，一般来说都有接受舆论监督的义务。

4. 我国新闻舆论监督的主要任务是什么？

答：（1）对党和政府方针政策落实情况的监督。新闻媒体是党和政府的耳目喉舌，是反映基层工作实际、推动政策落实的重要渠道和手段。

（2）对违法违规行为的监督。新闻舆论监督主要是通过信息公开和批评报道，揭露和批评有法不依，执法不严，贪赃枉法以及司法腐败等现象，保证宪法和法律的实施，促进依法行政和司法公正。

（3）对党纪政纪执行情况的监督。舆论监督是将权力运行置于“阳光”之下，预防和惩治腐败的有效手段。

（4）对侵害人民群众利益行为的监督。新闻媒体作为党密切联系人民群众的桥梁和纽带，一方面要揭露和批评以各种手段和方式侵害人民群众利益的现象和行为，保护人民群众的合法权益，另一方面要积极反映人民群众对党和政府工作的希望和建议，帮助党和政府全面了解实际情况推动党和政府改进工作。

（5）对社会丑恶现象、不道德行为和不良社会风气的监督。新闻的舆论导向和监督功能，都要求倡导社会主义核心价值体系，批评和谴责违背社会公正和社会公德的现象。

5. 我国新闻舆论监督的原则是什么？

答：（1）准确监督。一定要客观公正，立论公允，以党和国家有关法律、政策为标准，摒除一切私利。排除各种现实利益的引诱，防止主观臆断感情用事。

（2）科学监督。坚持科学监督的原则就是要以科学的精神、科学的态度、科学的方法开展新闻监督，善于从各种现象中找到具有典型意义的事例，以使新闻监督对党和国家的事业发展发挥巨大的推动作用。

（3）依法监督。新闻舆论监督报道的内容必须符合宪法和法律，不得诋毁社会主义制度，不得泄露国家机密，不得危害国家安全，不得侵犯国家、集体和个人的合法权益。新闻舆论监督的手段、方法必须符合法律规定，获取新闻素材、核实报道内容都要通过合法途径。

（4）建设性监督。开展新闻舆论监督，应始终坚持重在建设，站在维护国家和人民利益的立场上，以改进工作、解决问题为目的，发挥新闻舆论监督在统一思想、凝聚力量、促进改革发展、维护社会稳定中的积极作用。对于人民内部的缺点错误也应揭露和批评，但这种揭露和批评应该是善意的、同志式的、有益于改进工作的。

6. 新闻舆论监督一般需要具备哪些条件?

答：（1）把监督对象的言行置于公众的视野之内。

（2）发表对相关事件的评论，表明新闻媒体对事件的态度。

（3）刊播公众对相关问题的意见，开展公众讨论，形成舆论压力。

7. 当代中国新闻舆论监督主要有哪些方法?

答：（1）批评与表扬相结合。批评报道是舆论监督的主要形式。在尊重新闻是真实性、客观性的前提下，敢于批评，善于批评，是社会主义新闻媒体战斗性的重要体现。没有批评就没有监督，但新闻媒体也不能只进行批评，批评和表扬的结合有利于发挥新闻舆论监督的建设性作用。

（2）点名批评与不点名批评相结合。公开点名可以强化新闻监督的力度和严肃性。对那些犯有严重错误而又坚持不改、群众反映大、社会影响坏、其言行又具有典型性的，进行公开的点名批评，原则上对于一般问题和一般人物不做点名批评。一切从利弊得失考虑，以教育人团结人又严肃党纪国法为取舍。

（3）反映群众意见、引导群众参与。人民群众的广泛参与是新闻舆论监督产生效应的根本保证。这种参与是新闻媒体舆论监督的重要内容，也是对新闻媒体不可缺少的声援，是强有力的道义支持；对监督对象来说，则是人民群众对其言行所持的立场和态度，促其有所回应和改善。

（4）既要适时，又要适度。把握好报道的时机，把握好力度、密度和节奏，不能片面追求监督的数量。避免只看到一个方面而忽略其他方面，切记简单、片面和绝对化，切忌讲过头话，要注意选择具有普遍警示作用，有代表性的事例进行剖析，不猎奇、不炒作、不渲染、不追求轰动效应。

（5）依靠党的领导，争取被监督部门上级党委的支持。新闻舆论监督一定要依靠党的领导，特别是要争取被监督对象上级党委的支持和理解，否则监督将很难进行下去，当遇到由于地方保护主义、行业保护主义或者其他为了保护监督对象的利益而故意设置障碍，阻碍记者的采访活动时，应该积极向上级部门反映，争取获得支持。

（6）公开批评与“内参”相结合。“内参”是新闻媒体编发的“内部参考”及“情况通报”等内部刊物的统称。“内参”是新闻媒体通过采访或其他信息渠道获得某些影响重大、比较敏感、容易产生不良影响，或者一时难以把握、暂时不宜公开发表的新闻信息时，为慎重起见，编辑部转而采取缩小发行范围或定向报送等方法向有关部门和领导反映情况的一种新闻报道方式。这种方式的优点是：既能发挥新闻媒体快速灵敏的特长，迅捷通报情况，又可控制其不必要的扩散，避免某些新闻对社会产生副作用。

（7）争取执纪执法部门的配合。借助执纪执法部门的配合，同时又明确新闻媒体自身的角色定位而不逾矩，有利于排除干扰，减少阻力，有利于问题的迅速理清和严肃处理。

8. 简要论述新闻舆论监督需要尽到哪些社会责任？

答：（1）把社会责任放在首位。做好新闻舆论监督工作，必须树立强烈的社会责任意识，坚持为人民服务、为社会主义服务、为党和国家工作大局服务，注重新闻舆论监督的社会效果；必须坚持理性分析、正确引导；必须始终严格地执行保密规定。

（2）遵守纪律和法律，恪守新闻道德。依法治国是党领导人民治理国家的基本方略，是社会主义民主政治的基本要求，在实施新闻舆论监督的过程中要严格地按照法律政策办事，在法律许可范围内履行其社会责任，对新闻媒体而言，法律界限主要是尊重法院独立行使审判权，维护司法尊严。

（3）接受党政府和人民群众的监督。新闻舆论监督的权利是宪法和法律赋予的，是党和人民赋予的。法律保护新闻媒体的舆论监督权和新闻工作者正当行使舆论监督的权力，同时也要对其进行监督和制约，以防止舆论监督的失范和滥用。

四、参考书目

1. 朱颖. 新闻舆论监督与公共权力运行［M］. 上海：复旦大学出版社，2011.

2. 王梅芳. 舆论监督与社会正义［M］. 武汉：武汉大学出版社，2005.

五、历年考研的相关真题

1. 舆论监督（北京大学，2018；四川大学，2015；中国传媒大学，2014；深圳大学，2014；中山大学，2012）

2. 新闻批评（中国传媒大学，2018）

3. 你如何看待舆论暴力和“媒体审判”现象？（中国科学技术大学，2016）

4. 结合新闻专业主义和社会责任论，谈谈“反转新闻”现象（中国科学技术大学，2018）

5. 对于虚假新闻这个现象怎么看待？（中国科学技术大学，2018）

6. 在传媒新语境下，论述新闻舆论监督的发展与演变，在新时代出现的问题及其对策。（上海大学，2015）

7. 试论新闻舆论监督对于“把权力关进笼子”的作用和意义。（上海大学，2014）

8. 在传统媒体领域，调查记者囿于媒体报道尺度，转而通过微博来揭露某些官员的腐败问题，如《财经》杂志副主编罗昌平举报国家能源局局长刘铁男。谈谈舆论监督的反腐败功能与记者跳出传统媒体揭露腐败这种做法的利与弊。（中山大学，2014）

9. 结合中国当下媒体实践，论述新闻舆论监督的内涵、实现方式与保障条件。（南京大学，2013）

10. 有观点认为新闻批评应坚持积极、善意、建设性的立场和原则。请联系新闻实例阐述你对此观点的认识和理解。（山东大学，2015）

11. 简述新媒体环境下舆论监督的特点。（中国传媒大学，2017）

12. 实施新闻舆论监督应该遵循哪些基本原则？（华中科技大学，

2014）

13. 论述新闻舆论监督的含义、特征以及作用。（中国传媒大学，2018）

14. 以“表哥局长”杨达才和“哈尔滨塌桥事故”等报道的舆论监督为例，论述当下中国社会舆论监督的特点。（中国青年政治学院，2013）

15. 试论当前我国新闻舆论监督中存在的问题及其改进。（武汉大学，2007）

第九章　新闻出版自由

一、重要概念阐释

1. 新闻出版自由

新闻出版自由是公民政治权利的重要组成部分，是公民言论、出版自由权利在新闻传播活动中的具体表现和运用。

2. 言论自由

言论自由是指公民在法律规定的范围内，享有按照自己的意愿通过语言形式自由发表意见和交流信息的权利。

3. 出版自由

出版自由是公民在法律规定范围内，享有创办印刷媒体或电子媒体，并通过它们按照自己的意愿自由发表意见、交流信息的权利。

二、文选

北京奥运会开幕前夕的8月4日，德国体育信息通讯社解除其记者迪特·黑尼希的职务，引发德国媒体的普遍关注。德国《时代周报》评论，黑尼希被撤职“显然是因为报道中的倾向性”。德国之声电台报道，他在几篇文章里反复报道中国解除了互联网封锁，对此报道编辑部内发生了激烈的争吵，德国体育信息通讯社收回了这些报道，最后迪特·黑尼希被撤职。报道援引该社老板克莱默的话称，他几十年来坚持自己的路线，与通讯社的宗旨无法协调。《法兰克福汇报》发表评论，对迪特·黑尼希的遭遇表示同情：总的来说，几十年来他一直是人们熟悉的记者，但太早承认中国所取得的发展和进步。很多公众在各大媒体网站上留言，表达自己对黑尼希事件的看法。署名 Jay2008 的网民称，应该得到这样惩罚的是那些在西藏骚乱时扭曲事实和在西方散播错误信息的记者。署名 Sharepoint 的网民称，他被解雇，是因为他报道了中国的真实，因为他的信息不是人们在德国所期待的那种。署名 Dark_ Sun 的网民称，可惜媒体的多元化在德国越来越多地流失，经常只存在一种群体观点，而每个记者都必须符而合之。

8 月 22 日，《柏林日报》披露，德国之声电台中文部副主任张丹红因“亲华言论”被停职。该台 26 日的解释是：她“没有维护德国之声所一贯坚持的维护自由民主和人权的价值观”。据新华社报道，张丹红气愤地表示，德国一贯宣扬“言论自由”，但从她的遭遇上怎么看得出德国有言论自由呢？

读了这些新闻，我想起马克思引证海涅的一句诗：“这是一个老故事，但永远是新闻。”因为同类事情不知演出了多少场，只是地点、事由、时间不同而已。这里表现的是西方新闻自由与言论自由的固有矛盾。

在我们的通常印象里，西方的传媒可以自由地报道和发表意见，那里的公民拥有不可侵犯的言论自由的权利，例如，美国总统签署《1996 年电信法》，当月就被一个团体告到联邦法院，说其中第五部分（CDA）关于对淫秽信息的制作和传播进行限制的 10 个条款（第 501–509 条）违反言论自由，几经反复，美国最高法院最终否决了这些条款，其理由是：此条款用词含糊，容易对言论自由构成威胁。判决书写道：“虽然政府为保护儿童而使他们避免具有潜在危害的信息，但这些条款实际上禁止了成年人根据宪法赋予的权利即接受和向他人传播信息的言论的自由。”法院否定总统的判决，不能说完全没有道理，形式上说明美国很重视人民言论自由的权利；然而，这背后相当程度上反映了电视制造商的利益，因为一旦法案的这些条款生效，会使他们增加生产成本和招徕观众的收视成本。

言论自由如此，那么新闻自由呢？西方国家传媒的体制基本是私营，因而传媒是商业的一部分，而且是一种对社会产生巨大精神影响的产业。新闻自由的主体是谁？根据商业运转的规则，新闻自由的主体只能是传媒的老板，在传媒工作的人，哪怕是总编辑、总经理，其工作性质都是为老板打工，贯彻老板的意志的。这样就产生了一种发生在资本主义社会的常见现象：员工与老板的斗争。这种斗争中，传媒的员工除了和一般工厂工人一样，为自身的物质利益而斗争外，还要争取自己的言论自由权。因为在这类精神生产的单位，总会发生记者、编辑的观点与老板相左的情形。如果老板禁止员工通过传媒发表自己的意见或自己认为有价值的新闻，记者、编辑当然会认为自己的言论自由权受到了侵犯。少数政府管理的传媒，像美国之音，历史上也多次发生电台的负责人因观点分歧而与新闻总署之间的矛盾冲突。

这种斗争从20世纪初开始明朗化，特别在二战后，围绕这个问题展开的斗争一度很激烈。在德国，这种斗争被称为争取“内部新闻自由”（InnerFreedom of Press）；在美国，被视为编辑权与经营权的关系问题；在法国，叫争取“报道权”；在日本，叫争取“编辑权”。

然而，观念上提出“内部新闻自由”或“编辑权”是一个问题，实际情况是另一个问题，资本的利益，以及行政权力，远远强大于在传媒中工作的作为个体的记者或编辑（哪怕他是总编辑或总经理）。第二次伊拉克战争时期，一位在报道中多少表达了反战情绪的记者被他所属的美国广播公司（该公司又属于迪士尼集团公司）解聘，一度也引起传媒的关注。从商业规则来讲，老板有权决定聘任谁和解聘谁，但从言论自由来说，这位记者的解聘是对美国言论自由的反讽。而当时的公司一方，碍于美国的这种自由传统，不承认解聘的原因是观点分歧。这次发生在德国体育信息通讯和德国之声的事情，如果说有什么不一样的话，那就是当事的传媒老板和政府电台一方，已经不需要掩饰什么，“理直气壮”地说出解除记者迪特·黑尼希的职务和将张丹红停职是由于观点不同。商业利益、行政权力和侵犯人权，发展到了蛮横的地步。

其实，德国体育信息通讯社的老板克莱默比起世界传媒大王默多克来，实在是小巫见大巫。鲁伯特·默多克在澳大利亚起家时，他旗下的一家悉尼出版报纸的记者，就与他有过多次关于报道权的斗争，起因均是记者报道的内容与老板的喜好存在矛盾，尽管这件事情引起了外界对默多克的批评，然而，传媒的所有权最终还是迫使那些“闹事”的记者们离开。现在默多克的新闻集团总部迁到了美国，他蛮横地行使传媒所有权，已经让美国新闻工作者斗争了100多年的编辑权与经营权分离的行业规则受到挑战。默多克作为传媒资本的代表，他痛恨“平衡”和“客观”，要求更多的“坚定信念”，他从来不承认传媒主编的权利。多年前，他收购了《纽约邮报》。大功告成之时，志得意满的默多克走进编辑部，拿起即将出版的报纸大样，上来就大改标题，引起了追求风格一贯的报纸编辑们的抗议。本来，美国报纸的编辑权与经营权分离是传统，也是底线。默多克面对编辑们的喋喋之言，当场发火：我买了这张报纸，难道是让你们玩的，听我的还是听你们的？面对新老板的震怒，自视甚高的《纽约邮报》的“无冕之王”们只能就范。

去年，默多克掌握了世界第一大财经报纸《华尔街日报》，他承诺不会干预编辑独立，并承诺为编辑提供更多预算。美国新闻人认为，第二个承诺是可信的，但他们几乎一致认为，默多克毫无疑问会染指《华尔街日报》的内容，玷污编辑独立性。一篇题为《资本比自由硬，默多克胜利了》的评论写道：“美国新闻人不得不面对一个悲凉的现实：他们只是圣徒，不是主。主的名字叫资本。”

就在默多克收购《华尔街日报》的时候，澳大利亚记者艾里克·埃利斯为该国《好周末》杂志撰写默多克当时的妻子的报道《邓文迪·默多克：帝国背后的女人》。他走遍了邓文迪生活过的地方，花费了2.5万美元。稿子谈到她怎样从原来的邓文革变为今天的邓文迪。然而，报道完成后即被封杀，因为《好周末》杂志与默多克的新闻集团存在着股权方面的关系。经过辗转反复，这一长篇报道最终以中文发表。令人奇怪的是，报道在20多家网站上露面后，旋即迅速消失了。显然，默多克的资本力量有效地控制了该报道的发表和流向。

美国之音的多任台长因为观点的分歧与政府管理部门发生的冲突，尽管大多引发舆论的关注，但是最终均以被雇佣的下级被解聘或辞职了结。例如2001年“911”事件发生后，美国之音代理台长惠特·沃恩多少秉持客观、平衡的新闻工作原则，没有听从政府官员的阻拦，部分播出了对塔利班领导人奥马尔的采访录音，同时播发美国政府官员的评论。该台低估了美国政府的反应。这家广播电台的老板是美国政府，国务院发言人鲍彻说：“美国纳税人供养的美国之音不应该播放来自塔利班的声音。”9月28

日，台长惠特·沃恩以及主管美国之音、自由亚洲电台、自由欧洲电台的国际广播理事会主席，均被撤销职务。与此同时，美国之音在欧洲一个发射台的200多万美元经费预算被取消。然而，新上任的台长罗伯特·赖利只做了10个月，又被撤职。他虽然立场坚定，但是没有能够有效阻止部下再次播出采访塔利班领导人奥马尔的片段，这也成为他被撤职的原因之一。

从默多克到现在德国的克莱默，不断集中的西方传媒资本越来越表现出全面垄断社会信息传播的趋势。1990年代，美国著名批评家马丁·李和诺曼·苏罗蒙就写了一本书《不可靠的新闻来源》，对传媒资本侵犯言论自由提出尖锐的批评。书中写道："据说新闻记者始终不懈的在搜寻'人咬狗'的新闻。但是我们踏破铁鞋，怕也难在美国声誉卓著的大报上，找到一条新闻是由咬他老板的记者采访报道的。"1999年，美国马里兰州立大学教授彼得·菲利普斯做了一项课题，研究1998年的美国被禁止发表的新闻，他发动42名同学工作了六个月，完成了《美国禁发新闻》这本书。该书第五章，搜集的便是被传媒老板禁止的手下记者写的新闻或评论。我们在这章里可以听到了受到压制的美国记者的声音，因为他们的报道触犯了权势之徒。福克斯电视台（属于默多克的新闻集团）的记者史蒂夫·威尔森和简·阿克勒真实报道了危及美国牛奶供应的因素，因为他们触犯了广告商的利益而被解雇。阿普丽尔·奥利弗和杰克·史密斯因报道美国越战期间在老挝使用沙林毒气而遭到CNN的解雇，显然这其中是美国政府在实行间接控制。他们的遭遇以及这些被掩盖的事实表明，腐败的媒体系统是怎样地害怕利润减少，五角大楼是如何操纵着客观、真实的新闻。

1996年以后，国际传媒业的兼并和集中越发频繁。如今，更多的传媒属于大型集团公司或者私募投资财团的资产。当传媒在投资者和大财团那里仅作为一项资产的时候，股东价值微妙地凌驾于新闻价值之上。过去，新闻专业主义和商业利益冲突时，老板有时从长远的角度考虑问题，会尊重前者。现在不同了，相当数量的传媒属于更大的与传媒完全无关的大财团，左右着政治和舆论的正是这些大财团，而不是财团下面某家传媒的记者——不管你试图推翻一个总统，或者支持一场海外战争，其实最终是财团老板说了算。我国正在流行的一本书《货币战争》（宋鸿兵编著，中信出版社），用很多触目惊心的事实说明了这一点。相比之下，德国体育信息通讯社老板的做法反而显得微不足道了。如果从理论上理解这种西方传媒的现象，不妨读读美国学者费斯的著作《言论自由的反讽》（新星出版社2005年版），他称这种现象为“自由与自由的冲突”，即新闻自由与言论自由的冲突。这种现象的本质，就如英国当代哲学家卡尔·波珀所说的：“在沟通自由与不受限制的市场自由之间出现了一种结构性矛盾：主张个人选择自由的市场自由主义意识形态，更多地为投资者而不是为公民选择做辩护，为大型企业组织审查个人视听的选择权力进行辩护。”

我国《宪法》第35条规定，出版自由的主体是“公民”；《香港基本法》和《澳门基本法》（这两部法律是全国性法律，虽然具体适用于两个特别行政区）的第27条规定：香港或澳门（行文除了主语，完全相同）“居民享有言论、新闻、出版的自由，结社、集会、游行、示威的自由，组织和参加工会、罢工的权利和自由。”这里，新闻自由的主体是“居民”，上升到国家层面便是公民。而出版自由、新闻自由的英文翻译均为Freedom of the Press。

显然，西方国家的新闻自由的主体是传媒所有人的法律意义，不适于中国的法律规定。但是，我国有的学者把两者混淆了。例如一篇文章写道：“新闻自由的主体是作为法人的主体，而不可能是个人，即使是私人报纸、私人电视台，也是以法人的身份出现，而不是完全意义上的纯个人，纯粹的个人无权采访他人，无权制作新闻，而是要经过申报、审批，具备一定的形式要件，取得法人资格，方能成为新闻自由的主体。”这段话前面一句是西方的观点，后面一句是中国的情况，如此把两者合起来，说明作者对两方面都缺乏基本的了解。

正由于西方国家的这种新闻自由与言论自由的固有矛盾，不少学者对此提出批评。关于这个问题，美国法学家欧文·费斯（OwenM. Fiss）写的《言论自由的反讽》具有代表性。该书对新闻自由提出了一种新的认识。他写道：“当发言者的利益与发言所讨论的那些人的利益发生冲突的时候，为什么应该将前者的利益置于后者的利益之上，或者谁必须听从这个言论。为什么言论自由权应扩展到许多机构和组织，例如CBS、全国有色人种协进会、美国公民自由联盟、波士顿第一国家银行、太平洋煤气和电力公司、CNN 以及海外战役退伍军人协会。这些机构与组织处于第一修正案的常规性保护之下，但事实上它们并不直接代表自我表达中的个人利益。”

他列举的组织中，包括大传媒 CBS、CNN。它们作为法人机构，发言的权力远比个人大得多。因而，费斯给出的改革方案是：“国家可能必须给那些公共广场中声音弱小的人分配公共资源——分发扩音器——使他们的声音能够被听见。国家甚至不得不压制一些人的声音，为了能够听到另一些人的声音。”

他提出的问题是：新闻自由造成的后果往往是强势的人有说话的权利，弱势的人说话的权利形式上是有的，但是别人听不到。怎么办？作者提出，要让他们的声音被听到。这就要由行政权力出面来协调，要多少压制一下那些声音强大的法人发表意见的声音，给弱小的个人发言的机会，而且要给他们“分发扩音器”，这个“扩音器”是个比喻，使他们的声音能够让大家听到。

这个问题被提出当然很好，但是就西方国家的既定的新闻体制而言，这只能是一种理想化的观点。谁来监督国家对发表意见的公共资源的分配？国家的分配就公平吗？国家压制强势群体发表意见就合理吗？既然国家能够压制强势群体，那么它当然也更有能力来进一步压制弱势群体发表意见，如果这种情形发生，谁来监督国家行政权力等等。问题又回到了起点——我们如何公平地保证每个人有发言的机会，记者不会由于观点的分歧而被传媒老板解职。在这个问题上，这是西方新闻体制无法解决的固有矛盾的体现，也是我们分析各种发生在西方传媒的解聘记者编辑事件的视角。同类事件以前发生过，现在正在发生，将来还会发生，不足为奇。我们的分析需要理性，这不是一句“虚伪”之类的话就能说明实质的。

——摘自：陈力丹《西方新闻自由与言论自由的固有矛盾》，《新闻大学》，2008 年第 3 期（有删改）

三、问题与思考及参考答案

1. 新闻出版自由的含义是什么？

答：新闻出版自由是公民政治权利的重要组成部分，是公民言论、出版自由权利在新闻传播活动中的具体表现和运用。言论自由是指公民在法律规定的范围内，享有按照自己的意愿通过语言形式自由发表意见和交流信息的权利。出版自由是公民在法律规定范围内，享有创办印刷、媒体或者电子媒体，并通过它们按照自己的意愿自由发表意见、交流信息的权利。《中华人民共和国宪法》第三十五条规定："中华人民共和国公民有言论、出版、集会、结社、游行、示威的自由。"这一宪法条文虽然没有出现"新闻出版自由"这一专用词，但它确认了我国公民享有通过新闻媒体自由发表意见、交流信息的权利。

2. 怎样理解新闻出版自由的具体性和相对性？

答：(1) 和其他自由一样，新闻出版自由是具体的而非抽象的，是相对的而非绝对的，所谓的超阶级的、绝对的新闻出版自由，在现实社会是不存在的。

在现实生活中，新闻出版自由的具体性主要表现在以下三个方面。

① 新闻出版自由是具体的阶级的自由。在阶级社会里，包括自由、民主在内的政治权利都有阶级性，新闻出版自由也不例外。从根本上说，新闻出版自由的阶级性是由占有精神生产资料的特定阶级决定的。掌握物质生产资料的统治阶级，同时也掌握着社会的精神生产资料，也因此，新闻出版自由成了统治阶级的特权。

② 新闻出版自由的内容是具体的。新闻出版自由作为一种公民权利，可分为一项项具体可行使的权利。比如在我国，对于新闻工作者来说，新闻出版自由包括采访自由、写作自由、传播自由和批评自由。可见，新闻出版自由不是抽象的自由，而是有具体内容的自由。

③ 新闻出版自由总是处于特定的时空环境之中，其实现程度与具体的历史条件紧密相连。资产阶级新闻出版自由的产生与发展，是同资产阶级反对封建统治的斗争以及资本主义社会的经济制度和政治制度紧密相连的。社会主义国家也是如此，因此，随着社会主义民主政治的发展和人民群众科学文化水平的不断提高，新闻出版自由的实现较之过去也会更加全面和丰富。

(2) 新闻出版自由从来都不是绝对的、无条件的、没有限制的，而是相对的、有条件的、有限制的，都要受所在国宪法、法律的规范和约束，都不能触犯所在社会的基本经济、政治制度以及国家的根本利益。

① 新闻出版自由受到宪法和法律的制约。在法治社会，尊重法律是一切行为的底线。各国的宪法和法律在赋予公民新闻出版自由权利的同时，也对新闻出版自由进行了不同程度的规范和限制，换言之，新闻媒体及其从业人员在形式新闻出版自由权利的时候，必须在国家宪法和法律允许的范围内进行。

② 新闻出版自由受到国家利益的制约。任何一个国家都强调国家利益的重要性、独特性、不可替代性，新闻出版自由在此方面也不能例外。

③ 新闻出版自由受到社会伦理道德和风俗习惯等方面的制约。各国各民族都有自己的风俗习惯与文化传统，也都有着各种各样的观念与禁忌。即使这些民族或宗教禁忌并不为外人所知，一旦被有意或无意地触犯，都会引起严重的后果，新闻出版自由在实现中尤其需要注意这一点。

3. 我国社会主义新闻出版自由的特点有哪些？

答：（1）社会主义新闻出版自由摆脱了资本的奴役。社会主义以公有制为主体的经济基础决定了新闻出版自由是人民群众不受资本奴役而享有的平等权利。在我国，境外资金进入新闻媒体被严格限制，同时强调在媒体的经营活动中，社会效益是第一位的，新闻既不会商品化，也不会沦为个人或者利益集团牟利的工具。因此，新闻自由不至于成为被少数人依靠财力垄断的特权，从而可以成为广大人民群众切实拥有的权利。

（2）社会主义新闻出版自由强调充分自由与正确导向的统一。一方面，要客观认识到人民内部存在不同的意见，舆论的多元化是客观存在的，在宪法范围内，应该尊重人民发表不同意见的自由权利；另一方面，要始终坚持正确的舆论导向，尽量引导民众在大是大非的问题上保持一致，要把民众的思想和意见引导到更符合人民群众整体利益和长远利益的轨道上来。

（3）社会主义新闻出版自由坚持民主与法治社会主义国家尊重新闻出版自由，但是绝对不允许滥用新闻出版自由。一方面，社会主义国家为新闻事业的发展创造了宽松的舆论环境，尽可能调动新闻从业人员的积极性与创造性；另一方面，严禁新闻机构以及从业人员利用新闻出版自由牟取不正当利益。社会主义国家的新闻传播活动必须遵守国家的法律和服从党的宣传纪律，新闻媒体及其从业人员应当自觉地在法律和纪律规定的范围内从事新闻传播活动。

4. 如何看待资本主义制度下的新闻出版自由？

答：尽管资产阶级历史上曾经为争取新闻出版自由发挥过积极作用，在今天仍在标榜维护所有公民的新闻出版自由，但资本主义社会的新闻出版自由无法掩盖其维护资产阶级根本利益的实质。

第一，资本主义新闻出版自由是资产阶级垄断财团才能充分享有的权利。由于新闻媒体的创办与运转需要巨额资金，因此垄断财团和广告公司的大老板可以凭借充足的财力控制新闻媒体，并利用新闻媒体发表意见、传递信息；更因此，新闻媒体编辑部的编辑方针和对重大事件的报道，都摆脱不了垄断资本的控制和影响。因此，新闻出版自由成了资本主义的奴隶。

第二，资本主义新闻出版自由是资本主义民主制度的重要组成部分。在资本主义国家，资产阶级存在不同的政党和政治派别集团，它们分别代表着资产阶级不同集团的利益。当垄断财团之间产生矛盾之时，它们所属的新闻媒体就会作为垄断财团的发声筒相互攻击。资产阶级主流媒体的批评虽然以民意代表的批评方式出现，但是其本质上代表的是新闻媒体的幕后老板的利益需要。这种相互讨论只是资产阶级调节内部关系的一种手段。

第三，资本主义新闻出版自由是西方某些发达国家利用新闻媒体干涉他国内政的重要工具。一些西方发达国家常打着“新闻出版自由”的旗号，支持和鼓励本国新闻媒体，对其他国家的内政说三道四，指手画脚，其主要意图在于输出西方的价值观念。其手段一般是用双重标准界定和评价别国的内政，而一切行为都会以“新闻出版自由”的名义进行。

四、参考书目

[英] 约翰·弥尔顿. 论出版自由 [M]. 上海：商务印书馆，1958.

五、历年考研的相关真题

1. 新闻自由（华南理工大学，2013；中央民族大学，2009；中南财

大，2009；山东大学，2008；东北师范大学，2007）

2. 辨析：新闻自由是新闻媒介以及新闻工作者报道新闻的自由。（西安交道大学，2004）

3. 新闻自由的口号是什么情况下提出来的？应该给予什么样的历史评价？（北京大学，2007）

4. 为什么出版自由是一个伟大的口号？弥尔顿和杰斐逊对新闻出版自由做出了什么贡献？（中国青年政治学院，2013）

5. 防止滥用新闻自由的规定有哪些？请具体阐述之。（黑龙江大学，2006）

第十章　新闻法治

一、重要概念阐释

1. 法治

法治是“人治”的对应概念，其基本含义是指依法治理国家和管理社会的状态和手段。

2. 新闻法治的法律依据

新闻法治的法律依据是指调整新闻传播活动的法律依据与来源。

3. 新闻法治

新闻法治就是国家依据一定的法律制度和管理体系，调整新闻传播活动中各种权利义务关系的状态与手段。

4. 法律

法律是由国家立法机关指定，司法机关执行的社会行为规则。

5. 权利

权利是“义务”的相对概念，指法律对公民或者法人能够做出或者不做出一定行为，并要求他人相对应作出或不作出一定行为的许可。

6. 新闻媒体的报道权

新闻媒体的报道权也叫发表权、表达权或者传播权。它是指新闻工作者在符合社会规范和媒体宗旨的前提下，通过采访获得新闻素材后，其新闻作品享有在媒体上发表的权利。

7. 著作权

著作权也叫版权，是著作权人对其文学、艺术和科学作品依法享有的专有权利，是知识产权的重要组成部分。

二、文选

（一）突发事件新闻报道的法治化现状

1. 新闻报道法治化进程中的立法缺失

近年来，我国以网络新媒体为标志的新兴传媒事业正处于高速发展的状态，随之而来的是既有的新闻传播法制体系因无法适应这种发展状况而出现的诸多问题。一方面，媒体在新闻报道中被形容为“戴着镣铐跳舞”，新闻报道的自由经常受到不必要的限制。另一方面，法律监管的盲区致使许多破坏新闻传播秩序的不公正、不客观的新闻报道也屡有发生。

新闻报道是公众了解国家与社会运行状态的窗口，它不仅是公众知情权实现的渠道，也是公众参与和监督社会治理的方式。根据我国《宪法》第二条第三款规定，人民依照法律规定，通过各种途径和形式，管理国家事务，管理经济和文化事业，管理社会事务；第四十一条第一款规定中华人民共和国公民对于任何国家机关和国家工作人员，有提出批评和建议的权利；对于任何国家机关和国家工作人员的违法失职行为，有向有关国家机关提出申诉、控告或者检举的权利，但是不得捏造或者歪曲事实进行诬告陷害。既然人民管理国家事务，对国家机关及国家机关工作人员的监督的基础是人民能够及时获知国家政治、经济、文化生活的运行状况，那么确保人民知情权的最好方式就是公正客观的新闻报道。同时，根据我国《宪法》第三十五条明确了国家有发展文学艺术事业、新闻广播电视事业、出版发行事业等文化事业的责任。由此，推动和完善新闻传播事业成为国家所承担的重要宪法义务。在宪法法律的框架下，国家应当保护新闻传播机构和新闻工作者的新闻报道自由。

然而，根据《宪法》的规定由国家发展的新闻传播事业，长期以来都缺乏立法的有效呼应。目前我国尚未出台《新闻传播法》，针对新闻报道的相关管理问题也缺乏系统化的法律规定，而只是散见于各类单行法中关于新闻报道的相关行政管理的规定，尤其是针对新闻报道中国家权力的影响范围一直处于相对模糊的状态。由此，具有新闻传播管理职能的相关部门在对新闻报道的规范管理过程中也处于一个尴尬的位置。管理的职权来源为何管理的法律程序是什么？管理的对象范围有多大？如何界定新闻传播自由与新闻报道违法的边界？这些重要的问题均凸显出当前新闻报道规制中的立法盲区。虽然20世纪80年代我国就曾试图制定《新闻法》，却因为种种原因未能出台。时至2015年全国两会，国家新闻出版总署原署长、全国人大常委会委员柳斌杰在接受记者采访时曾表示我国首部《新闻传播法》已在立法进程之中，这无疑为今后我国新闻传播法治化带来的新的希望。

2. 突发事件新闻报道中的法治乱象

突发事件新闻报道是指由新闻媒体因突发事件所做的相关新闻调查和报道。根据我国现行的《突发事件应对法》规定，所谓“突发事件”，是指突然发生，造成或者可能造成严重社会危害，需要采取应急处置措施予以应对的自然灾害、事故灾难、公共卫生事件和社会安全事件。该法第二十九条第三款同时规定：“新闻媒体应当无偿开展突发事件预防与应急自救与互救知识的公益宣传。”

由于立法的缺失，当前在我国突发事件新闻报道中存在着诸多乱象。首先，没有明确新闻媒体就不同种类的突发事件应当如何应对。法律所规定四种突发事件虽都是突然发生且可能造成严重社会危害的事件，但因其特点各异，造成的社会影响性也各有不同，受到的行政权干预程度也各不相同。例如公共卫生事件、社会安全事件、事故灾难，都有可能是由于行政权力的监管不够或滥用造成的后果，对此类事件的新闻报道最易受到公权力部门的“限制”和“剥夺”，如2001年发生的广西南丹特大透水事故，无论在事故发生初期的瞒报问题，还是事中新闻媒体介入时受到的不正当干预，都体现出新闻报道中行政权的滥用。其次，缺乏法定的信息渠道保障。由于没有明确突发事件新闻报道中信息反馈的法律责任。致使许多新闻报道在无法获得及时和充分的信息反馈前提下只能自行其是。突发事件的出现具有不确定性，且涉及面广，缺乏法定信息渠道保障的新闻报道往往呈现出“一处有乱，八方来判”的局面，这不仅无益于公众对突发事件的及时了解，容易形成社会恐慌，而且会给突发事件的应对措施带来不必要的影响。最后，缺乏对突发事件不同发展阶段新闻报道程度和范围的有效规范。突发事件的不同发展阶段可能呈现不同社会影响。突发事件初期的新闻报道应当尽早地向社会反馈客观事实，减少盲目揣测以避免恐慌；突发事件中期的新闻报道则应当着重于相关部门所采取的措施以及公众的自我保护、应急自救。突发事件后期的新闻报道应当强化对事件原因的解析和经验的总结，体现出对公众的疏导及对行政权力的有效监督。

总之，只有将突发事件新闻报道纳入法治化的轨道，才能凝聚新闻媒体的力量促成突发事件的应对和解决。也才能促成新闻媒体与有关应急部门的通力协作。这样就能有效化解突发事件应对中的诸多矛盾：如一边新闻媒体采访不断，另一边应急部门应接不暇；一边有关部门“守口如瓶”，另一边新闻媒体擅作揣测等。但需要明确的是，突发事件事关社会公共利益，突发事件的信息公开与原本就是政府信息公开的应有之义。新闻媒体在确保报道真实性、准确性的前提下，其新闻传播的自由应当受到有关部门的尊重和保护。通过立法来完善公权力部门在发生突发事件的时候对新闻媒体的有效引导、充分反馈和必要规制，不仅能够发挥新闻报道普及相关知识、安抚公众情绪的作用，而且能够展现出突发事件应对中政府的魄力、效率和公信力。

（二）突发事件新闻报道法治化中的立法

在理论上，新闻传播立法有广义与狭义之分。广义的新闻法是指规范新闻活动的所有的法律、法规、规章的规定的总称，既包括专门法，也包括散见于其他法律、法规的条款之中的有关内容。狭义的新闻法则仅指以“新闻法”为名称的单行的法律文件。突发事件新闻报道的法治化乱象实际上是我国新闻传播立法所面临的诸多立法困惑的缩影。尽管《新闻法》早在20世纪80年代即被提上立法议事日程，但为何时至今日仍旧难产？学者们曾对此提出过自己的见解：将其总结为“起草有年，文稿有三，难点有九”。其中的难点包括了：是否应制定适度超前的新闻法？是否允许公民和法人参与创办新闻媒介？怎样保障新闻自由？如何用法的形式界定新闻的功能？怎样开展对政要和政府部门的舆论监督等等。这些问题直到今天仍有较大的借鉴价值。从突发事件新闻报道的视角来看，我们认为主要存在着以下三点立法的困惑。

1. 新闻来源的复杂多样性增加了立法难度

20个世纪90年代，学界担心的是是否允许公民法人创办媒体，因为公民法人创办媒体可能增加不同种类的新闻来源，使得新闻种类良莠不齐，高效地筛选出准确的新闻出现困难。然而在这个自媒体时代，公民法人不需要通过创造媒体来报道新闻，新闻来源的复杂性迅速提升，对新闻报道的立法规范难度不断增加。所谓自媒体又称私人媒体，是指私人的、平民的、自主的传播者，以现代化、电子化的手段，向不特定的大多数或者特定的少数个人传递规范性及非规范性信息的新媒体的总称。它是普通大众经由数字科技强化、与全球知识体系相连之后，一种开始理解普通大众如何提供与分享他们自身的事实、新闻的途径。自媒体时代，突发事件信息的发布者来源广泛，正规新闻报道容易淹没在信息海洋。微博、博客、公共微信等社交网络平台都是自媒体的平台，当下很多突发事件亲历者可能通过这些社交网络平台发布信息，在不特定的多数人之中广泛传播，此类平台由于发布信息几乎毫无门槛限制，信息传播速度快而信息内容良莠不齐。虽然自媒体的信息可信度并不能与现存媒体相比，但别有用心的人士也可通过这样的平台传递不良信息。这时一方面正规的新闻报道无法被公众接受或可能遭到质疑，另一方面，正规新闻媒体也可能受到影响，追随不实的信息来源，对其做扩大报道或将突发事件发生后的宝贵时间浪费在检验消息来源真假之上。特别是在传统媒体发展势头不及新媒体的当下，传统媒体为了与新媒体抗衡，往往也会吸收借鉴自媒体的信息，因为缺乏相关规范这种借鉴有可能把自媒体上未经验证的信息所带来的不良影响扩大。

2. 通过法的形式界定新闻的功能有一定困难

通过法的形式对新闻进行保护就要首先明确新闻的功能。如前所述，新闻报道最大的作用在于保护公民的知情权，但是如何将这一功能通过法的形式来界定实属不易。这一界定的困难，就使得突发事件新闻报道的行政管理力度难以掌握。新闻报道既然要突出对公众知情权的追求，那就应当尽可能允许报道的门槛降低，但出现不实报道时规制力度就难以把握。当前我国对突发事件新闻报道的管制虽然相对严格，但仍欠缺规范化和效率性。许多不实和失实新闻报道如“纸箱包子”“基因食品清单”等性质恶劣的假新闻往往是在已经产生不良社会影响后才受到规制。因此，目前的新闻报道更多是通过临时性的政策、文件针对突发问题进行规制，常此以往就容易出现“拳头无端对笔头”的监管失衡现象。

针对突发事件新闻报道由于其报道内容本身的紧迫性，不实报道一经做出，所造成的不良社会影响往往难以挽回。若是增加事前审查程序，又可能影响新闻报道的及时性和透明性，且审查的力度和标准模糊又极容易使得公权力被滥用而对突发事件新闻报道自由造成侵害。例如 2003 年“非典”刚开始出现之时，正是因为瞒报病情，阻挠新闻媒体的介入，造成了传染病的进一步肆虐，导致了惨痛损失。政府信息公开之前，“非典”病情的有关信息都是通过市民个人进行传播。广州社情民意研究中心在“非典”危机发生初期对本市 525 名市民关于信息来源的主要渠道进行的一次调查也显示：有 45.7% 的人是从亲朋好友那里获知相关信息。这说明，突发事件中新闻媒体的缺位将会导致更为巨大的社会恐慌和损失。如何通过法的形式确定新闻的功能，进而针对突发事件新闻报道进行合理规制以确保新闻的功能得以发挥，这无疑是当前立法中值得考究的问题。

3. 新闻报道中的侵权形态和法律责任有待明晰

在新闻报道尤其是突发事件新闻报道的过程中，可能出现很多侵害媒体新闻报道自由权的行为，也可能出现因为新闻媒体的不当行为所导致对他人权利的侵害。这些侵权形态产生的原因和形成的后果各异，对这些侵权形态的法律界定，亦是新闻传播立法中的难题之一。总体而言，新闻报道所涉及的权利受侵害主体主要是报道一方和被报道的一方，故突发事件新闻报道中的侵权形态也通常体现为媒体的采访权受侵害与被采访者的个人权利受侵害两种。其中，采访权受到侵害主要表现为：采访遭外力干预被提前中断或采访虽进行完毕，但并未获得相关信息。当前，媒体记者在采访的过程中受到行政干预、遭受人身攻击甚至被禁锢自由的事情时有发生。此类事件一方面体现为媒体记者的人身权利受侵害，同时也是媒体新闻报道自由受到侵害。按照现行立法，这种侵权形态的责任追究仅停留于私法侵权责任追究层面上，而没有上升至公法责任追究的高度。另外，针对突发事件的新闻报道，媒体的不当介入可能导致事件解决的困难程度加剧，新闻报道所涉及的利害关系人如知情者、受害者的权利保障也同样应受关注。积极采访、敬业报道是新闻从业人员的职责，但如不能把握尺度，则可能导致突发事件受害者受到二次伤害或者导致知情者的隐私权受到侵害，进而致使突发事件造成的不良影响进一步扩大。国外曾出现因媒体不合时宜的介入而导致绑架人质的恐怖分子通过电视报道提前获知警方解救人质动态的尴尬事件。1997 年台湾女演员白冰冰的女儿被绑架事件中，也曾出现由于媒体与警方缺乏配合，过度报道而间接导致绑匪撕票的悲剧。由此，新闻传播立法应当从侵权形态和法律责任的角度来规范新闻媒体的新闻报道行为，一方面以规范公权力来保障新闻报道自由不受非法侵害，另一方面以公权力来充分规制新闻报道自由，防止其滥用而导致私权利受到侵害。

（三）突发事件新闻报道的法治化路径

党的十八届四中全会提出要全面推进依法治国，其中，政府信息公开被视作建设法治政府的重要改革举措。“以公开为常态、不公开为例外”将成为今后政府应对突发事件的重要原则。新闻报道的即时性决定了突发事件始终是新闻媒体重点关注、重点报道的对象。由此，《新闻传播法》的制定是实现突发事件新闻报道法治化的必由之路。在推进突发事件新闻报道法治化的进程中，在新闻传播立法的过程中，应当遵循以下法治路径。

首先，坚持行政法定原则，在新闻传播立法中，应当明确涉及突发事件新闻报道各个环节的相关部门的法定权力和法律责任，通过职权法定来规范新闻监管公权力的运行。应当通过立法来建立突发事件新闻报道中的政府与媒体的信息沟通平台。在突发事件发生后，负有信息公开职能的部门应当依法定时通过一定影响力的媒体对相关情况进行客观反馈。谣言止于智者，更止于真相。突发事件的新闻报道应追求专业性与准确性，这不仅有赖于新闻媒体的职业素养，更有赖于有关公权力部门的有效指引和保障。同时，要依法严肃追究政府部门滥用行政权力来阻挠正常的新闻报道的法律责任。

其次，坚持均衡原则与公开原则相结合，区分不同突发事件的危害与紧急程度来适当限制新闻报道自由。要充分考量受访当事人的情绪，严格保护受访当事人的隐私，确保媒体对突发事件受害者、知情者、当事人及其家属的采访只是获取突发事件的相关信息，而不能涉及受访者隐私。如有涉及可能对相关当事人造成二次伤害报道，当人事可依法要求在报道过程中隐去。如相关媒体明知报道内容可能侵犯受访者隐私权或是对受访者造成较大精神伤害仍坚持过度报道，公权力机关应及时介入来限制新闻媒体的采访权利。受害人也可依法要求公权力部门对造成侵害的新闻媒体追究法律责任。此外，针对突发事件中的社会安全事件，如绑架、劫持等尚处在应对过程中的事件，尤其应当确保新闻报道的适度性、必要性、合理性，适当限制新闻媒体的报道时间和程度，以保护相关事件中当事人的安全，同时确保突发事件的有效应对和解决。

最后，坚持新闻报道采访权的依法行使。一方面建立新闻媒体的采访保护制度，着重保护突发事件中记者的权利。通过立法来明确采访权的主体范围，权利内容、侵权形态及法律保护措施。目前我国对记者的人身安全和财产安全仅限于侵权法、民法通则等私法保障。应当将采访权上升至公权力保障的范畴，以立法赋予公权力机关保障新闻采访者免受打击报复和不公正对待的法律职责。另一方面，要明确采访权所对应的法律义务和法律责任，划定新闻报道中采访权的法律边界，既要求采访者进行公正、客观的报道，也要求采访者通过正当手段来获取新闻报道的素材。

——摘自：佘睿、覃天《突发事件新闻报道的法治化路径探索——以新闻传播立法为视角》，《文化与传播》，2015 年第 2 期（有删改）

近年来，新闻自由与公众人物隐私权纠纷不断攀升，成为法律界的一个热点。新闻媒体和社会成员享有知情权和言论自由权，而公众人物隐私权是不是就因此被剥夺？当新闻自由与隐私权发生冲突时，两者孰重孰轻？当两种权利交叉重叠时，如何界定二者的界限，平衡二者关系？早在 20 世纪 90 年代，就有学者将注意力转向新闻侵权纠纷，但主要定位于如何防止新闻侵权问题上。一般来说，新闻自由和公众人物隐私权保护理应受到“限制”，但“限制”的界限在哪里？目前我国尚未出台《新闻法》，对此还没有明确的界定。那么，在缺乏具体法律规范的情况下，如何保护新闻媒体的言论自由权，而又不陷入新闻侵权纠纷的旋涡之中是本文讨论的重点。

（一）公众人物与隐私权

1. 公众人物的概念

所谓公众人物，其实是舶来的法律概念，目前尚未进入我国现行法律。它源于美国著名的“格茨案”，其基本框架是：①适用于各种目的的公众人物（即完全性公众人物），其大名已是家喻户晓。②有限目的的公众人物，他们又进一步区分为“自愿”或“漩涡式”的公众人物，前者指自愿卷入公众争议的漩涡中心（包括明星、政府高官等）；后者指非自愿的、只偶然被置于众人关注的中心（如因新闻报道而成名的见义勇为者、交通肇事者、刑事案件的受害者）。我国在学理上也将公众人物分为三部分：①政府官员，他们因掌握公共权力而丧失部分人格利益保护；②文化、体育明星，他们因满足公众兴趣而丧失部分人格利益保护；③自愿不自愿的卷入公共事务的人。对于前两者我们又可称之为“名人”，本文将主要讨论政府官员和文化体育明星的隐私权合理保护。

2. 隐私权的含义及立法现状

隐私指的是公民自己私生活中不愿为他人知晓，或不便于公开的个人秘密，包括个人的生活习惯、健康状况、家庭生活、感情生活、财产收入、私人信函等等。隐私权即公民个人对上述内容享有不受侵犯的民事权利。目前，我国对隐私权的研究和立法还很不完善，关于隐私权，还只是把它放在名誉权范围内，而没有将其作为一项独立的人格权在法律中明确规定，因此更没有具体到作为特殊群体的公众人物隐私权的保护。最高人民法院《关于贯彻执行〈中华人民共和国民法通则〉若干问题的意见（试行）规定》第140条：“以书面、口头等形式宣扬他人的隐私，造成一定影响的，应当认定为侵害公民名誉权的行为”，这是我国关于公民隐私利益保护最为具体的民事法律规定。2005年修订的《妇女权益保障法》第42条，明确规定了隐私是一个独立的人格权，这是立法机关第一次明确提出隐私权是一个权利。遗憾的是，这是一部有关妇女权益保障的法律，因此提到的也仅仅是保护妇女的隐私权。其实，隐私权是一种不同于名誉权的独立人格权，虽然二者经常发生竞合，但有时披露他人的某些隐私，如居住地址、亲属关系、档案材料等等，不会造成名誉的减损。而这种将隐私权与名誉权混同，实际缩小了隐私权的保护范围，公民隐私权的法律保护缺乏明确性、独立性，以至于隐私利益的保护在我国公民民事权利中仅仅是“虚晃一枪”，也因此引发媒体新闻自由权与公众人物隐私权争执的频繁发生。是以，在未来民法典的立法中必须考虑隐私权的法律规制。

（二）新闻自由的界限划分

在西方，无拘无束的交流思想和意见被视为是人类最宝贵的权利之一，人生而不给予思想的自由，无疑是在用强制来压制人性潜能的发展。作为言论自由重要内容的新闻自由被看作是限制政府权力滥用，维护公民基本权利实现的重要保障，美国联邦最高法院大法官P·斯图尔特称其为立法、司法、行政以外的权力制衡中的“第四权力”。新闻自由即指新闻业为实现其为社会服务的目的，依法进行采访、写作、发表、出版新闻作品，不受非法控制、约束的权利。新闻机构必须依照法律的规定行使言论、出版自由，违反法律规定滥用新闻自由，侵犯国家、社会和他人利益的行为构成侵权的，要承担法律责任……

1. 美国新闻自由权的界限划分

关于新闻言论自由，美国宪法第一修正案规定：“国会不得制定任何限制言论或新闻自由的法律。”美国联邦最高法院认为，言论的表达自由必须给予特殊的保护，言论是否正确应交由“自由的思想市场”判断。而在保护言论自由的同时，美国联邦最高法院也承认，言论自由应具有一定的限制，超越这一限制即构成侵权。为此，美国发展了四种划分新闻自由的原则性标准：①绝对主义。强调新闻自由的法律保护。②明显而即刻的危险原则。美国联邦最高法院法官霍姆斯提出：“一切行为的特点均由其所处的环境决定。不论自由的言论受到何等严格的保护，如果某人在剧场中诈称发生火灾造成巨大混乱，这种言论就不应保障。”该原则的核心是强调只要某一言论表达行为带来直接、深刻的社会危害，必须予以禁止。③相对主义的利益权衡原则。即当新闻自由与其他利益发生冲撞时，在两种利益中进行比较，利益较大者给予充分保护，利益较小者给予限制。④最小限制手段原则。在新闻言论自由与其他利益发生冲突时，为了某种目的而不得不采取限制新闻自由的措施时，也应选择能达到禁止目的所要求的最小限制。此外，如果法院认为达到该目的而限制新闻自由，这样选择的某项法律过于严厉，他们可以宣布该法律违宪，从而使该法律无效。对于新闻自由的界定标准，当前美国最高法院已基本采纳了相对主义的利益权衡原则，并追求处理具体案件时尽量使用一套一致的“标准”或“指导方针”，以防止由法官主观性带来的相同案件不同裁判结果的弊端。

2. 规制我国新闻自由的界限划分

任何自由都是相对的，新闻机构在享有新闻自由的同时，也必须受到一定的制约，有一定的界限。但在世界各国司法实践中，似乎也很难找到一个明确的楚河汉界。大陆法系一般以概括式的语言规定新闻自由不得侵犯其他合法权利和自由，而这种界限只能停留在抽象的层面，应用性和可操作性差。而英美法系的判例法在审理案件过程中确立了一系列标准作为界定新闻自由的法律标准，通过个案的分析比较，应用到案件中。笔者认为，关于新闻自由的界限划分，可以参照国外两大法系并结合我国司法实际：首先，采用原则式概括，规定新闻自由权不得滥用，不得侵犯其他合法的权利和自由。其次，参照美国新闻自由的相关规定，确立明显而即刻危险原则、个别利益比较权衡原则、最小限制手段等原则，同时注意：第一，阻止新闻自由的情况必须是极为特殊的情况或危险，它有可能会造成我们失去思想自由的本身，或失去其他基本自由；第二，必须是在我们除了限制新闻自由之外别无选择的情况下才能舍弃该自由。最后，在案件中把握（有关具体界线划分细节以下内容将有介绍）：①公共利益优先原则，此原则适用与政治事件、社会事件相关的新闻人物报道（如政府官员），在这些报道中往往涉及公共利益和政治民主，因此法律保护偏向于新闻自由一方；②利益衡量原则，当新闻自由与隐私权发生冲突时，应当根据权利所蕴含的利益大小决定权利的配置，也即一方所带来的利益是否足以将另一方所省略，如果能，则承认前者，反之则尊重保护后者；③人格权保护原则，这一原则主要适用法律保护倾向新闻自由时（如新闻报道对社会不良现象、违法行为的揭露），必要时可以涉及隐私，但一定要掌握尺度，并应把对隐私权的侵犯减小到最低。

（三）新闻自由与公众人物隐私权关系

作为一个法律概念，法律保护合理限度内的新闻自由，允许新闻媒体在法律的保护伞之下正常运作。借助于新闻传播的舆论宣传、舆论监督及协调社会的功能，一方面通过新闻传播活动，无论是新闻工作人员还是普通老百姓，可以自由地获取新闻、自由表达意见、见解，实现社会成员的信息知情权和自由表达权的统一。同时借助于新闻报道广泛的舆论影响力，确实能提升公众人物的声望和地位，起到一般舆论宣传不可比拟的效果，可以说公众人物也离不开新闻舆论的宣传；另一方面新闻自由权利的行使虽以客观、真实、准确为前提，而由于新闻活动环节多、时间短促，不可能完全避免过失，与公众人物隐私发生摩擦。北京大学社会学系夏学銮教授认为，“名人的私生活”的确是目前最吸引人的卖点。这种现象说明，在信仰缺失的真空状态下，相当一部分人低级趣味的猎奇心理越发强烈。一些媒体在市场化的环境下，为实现本部门的经济创收，不自觉地迎合了这种需要，过于强调新闻媒体的娱乐性质，而忽视自己的喉舌作用和他人合法权益，其结果就是造成了近年来新闻官司的高发生率。

若法律特别强调对公众人物隐私权的保护，则必须适当限制新闻工作者在从事新闻活动方面的某些自由；若法律对新闻传播活动可以充分保护，则必须对新闻侵害隐私的行为予以容忍，法律必须限制受害人提出的请求，而个性发展赖以存在的最基本的私人领域可能因此无法保障。新闻传播以公开为要旨，而隐私权则要求保守秘密，二者性质截然相反。公众人物隐私是新闻极易触及的内容，稍有不慎就会发生冲突，因此法律必须在新闻自由与公众人物隐私权保护之间做出合理的界定与制度平衡，以期实现二者在法律范围内的良性互动。

（四）新闻自由下公众人物隐私权的合理保护

很多人认为：一旦成为公众人物，在获得多于别人物质和精神享受的同时，其实就已经主动放弃了部分个人权利，而绝大多数的新闻媒体也多以“公共利益”为由提出辩护，认同“名人无隐私”的说法。那么是否真的“名人无隐私”？作为公众人物，由于他们本人及其言行随时具有新闻价值，与公众兴趣密切相关，是社会关注的焦点，他们的部分隐私已成为公众知情权的内容。一般认为，公众人物与非公众人物享受的隐私权的范围也是不同的，名人的部分隐私权也是要受到限制的。从法律上讲，允许媒介将公众人物的隐私作新闻报道，以满足公众的合理兴趣，是法律权衡利弊的结果，是符合法意的，但并不意味着对于公众人物隐私权的否定。当一个社会缺乏对个人隐私起码的尊重和保护时，一个人连基本隐私和自治都无法维系时，作为隐私权存在的价值基础的人格尊严也必然受到蔑视和侵害。对于新闻自由与公众人物隐私权的真正保护，只有将二者有效的结合在一起，才能相得益彰。因此，结合上述分析针对在社会上扮演不同角色的公众人物，其隐私权的保护和限制标准也应有所不同。

1. 政府官员隐私权的限制与保护

毫无疑问，社会政治与公共利益的价值高于官员个人人格利益的价值，尤其是在隐私权问题上，由于他们的部分人格利益已成为公共利益中政治生活的一部分，成为自然人的民主权利（知情权）和舆论监督权所指向和要求披露的对象，因此对于这部分新闻内容的披露也应归于免责，主要包括：在美国《纽约时报》公司诉沙利文案中确立了实质恶意原则，即政府官员必须“明白无误的和令人信服地”证明有关陈述带有实质恶意（明知谬误或毫不顾及真情的公布于众），否则政府官员不得获得与其官方行为有关的诽谤性评论的补偿。该原则虽主要涉及侵害名誉权的诽谤性诉讼，但笔者认为其同样适用于政府官员隐私权保护的限制，即引入实质恶意原则，凡涉及有关公共利益的政府官员隐私权益的报道，政府官员只有在证明媒体存有恶意侵犯，并超越法律保护范围时，才可以获得法律支持。

对政府官员的隐私权保护进行适当的限制是有必要的，但这并不意味着对其隐私权彻底的剥夺。相反，政府官员的部分隐私权仍应得到保护：第一，住宅不受非法侵犯或骚扰；第二，私生活虽应受到检验，但不得扩大化，与社会公益无关的私人生活和私人事务不受非法干涉，不接受偷拍偷录、监听监视；第三，享有通讯秘密和自由；第四，对于其家庭成员隐私权的限制必须适度，与政府官员公务行为无关的隐私内容依法受到保护。

2. 对文化体育名人隐私权的合理限制

文化体育名人本来就生活在公众的漩涡中，他们的言行、举止在很大程度上已成为公众关注的话题，离开公众，他们也无法获得已有的名声、地位和物质享受，因此理应接受公众的监督；而且有时候，新闻报道已不仅仅是针对其个人，而是由此引发一类与公共利益有关的社会问题，应允许曝光披露。而同样作为公众人物，他们与政府官员所代表的利益确有明显不同，因此，对于这一类公众人物隐私权的合理限制也应区别对待。

从著名的英国电影演员高顿·凯住院偷拍一案到戴安娜王妃为逃避记者追击遭遇车祸香消玉殒事件；从国内冯小刚怒斥《明星周刊》的“名人

地图”事件到近六百明星电话被曝光；从饶颖告赵忠祥拖欠治疗费和人身伤害到“福布斯”名人财富榜的公布；再到2006年阿娇换衣偷拍事件、著名歌手王菲之女兔唇事件、香港明星沈殿霞住院病容被曝光一案，等等。有人称近几年为“偷拍年”“新闻侵权年”。隐私要“不为人知”，而新闻要“广为人知”，媒体在满足公众窥私欲的同时，也使文化体育明星付出了惨痛的“代价”，二者冲突显而易见。

无论是大众心理需求，还是传媒的生存发展，对文化体育名人的报道都是必然的，而对于他们隐私权的限制，目的也就在于对其从社会得到的大量物质和精神利益与部分人格权利的限制之间的平衡。但我们不能就此推断可以以他们正常安宁的生活换取社会的轰动效应，因此媒体对于名人隐私的披露，一定要用理性和智慧驾驭自己的思想，努力寻找到一个能够实现自身双赢的平衡点——既能满足公众知情权，又不过多侵扰明星的隐私利益：

首先，要最大程度确保受众知情权的满足。第一，作为社会公众人物的明星是社会关注的热点，对于与明星职业相关的、有新闻价值的信息，例如成功经历、工作状况等等，符合受众的合理兴趣，他们从事的活动一般都与社会公共事务相关，并且构成了社会生活的一部分，新闻记者有义务和责任本着向受众传达真实信息的原则加以报道；第二，对于明星个人行为、生活作风等有悖法律、道德的，包括涉嫌吸毒、偷税漏税、个人信用（如代言虚假广告）等等，媒体更要优先考虑公共利益原则，履行舆论监督职责，做相关追踪报道。其次，要正确认识明星的隐私利益以保护其适度的隐私权。对于不涉及社会、公民有益或有害联系、明星也明确表示不愿公开的个人隐私的信息内容，法律仍应予以保护：第一，明星的一些个人信息，如家庭住址、私人电话、私人活动等，应避免公众兴趣的适用，优先考虑隐私权，以免影响他们的正常生活；第二，对于明星的感情生活、家庭生活、性取向等，区别于政府官员，这些内容一般与公共利益无关，要优先考虑其隐私权，避免过多接触，以免给他们及其周围的人带来伤害，在社会上造成不良影响。如香港著名艺人沈殿霞住院期间，有的媒体娱乐记者如获至宝，闯病房拍照、录像于先，抢病历于后，全然不顾病人的安危，家属的感受，个别媒体和“娱记”的新闻伦理欠缺可见一斑。其实当公众人物面对“无冕之王”的新闻媒体时，也变得很无奈。一方面虽新闻诉讼不断攀升，另一方面一些新闻媒体仍旧视若无睹，热衷甚至是渴望新闻诉讼，堪当“被告”。究其原因主要是背后强大的利益驱使，一些原本不怎么出名的记者、媒体不仅可以借此提高自己的知名度，通过爆料新闻获得的经济利润更可能是诉讼赔偿的几倍，甚至是几十倍。而就现今的新闻侵权救济方式来看，我国新闻侵权诉讼的责任承担方式已逐步向精神性抚慰和物质性赔偿并重的方向发展。但是单靠一些恢复名誉、赔礼道歉的方式对新闻媒体根本不起作用，即使是一些金钱上的物质赔偿对于新闻媒体来说也是不痛不痒。鉴于以上情况，笔者认为，一方面有必要对一些造成恶劣影响的新闻媒体加大惩罚力度。比如可以提高精神损害赔偿数额，适当引入国外惩罚性损害赔偿制度，使不法媒体得不偿失；另一方面，规范新闻媒体设立的行政审批制度，同时对于严重违规操作，无视新闻媒体规范，屡次造成不良社会影响的媒体也应予以曝光或取缔。当然这并不是要限制新闻自由，恰恰相反，规范新闻媒体的行业环境，让其在适合的土壤中生存，才更有利于人类精神素质的真正提高，否则只会让人们沉迷于低迷、世俗的精神垃圾，新闻自由的价值难以竟显。

民主要进步，新闻要自由。一方面民主自由的社会首先就是要保障公民能够通过新闻传播获得各方面的舆论信息、自由发表言论，畅所欲言，因此对于新闻自由的保护本身就是民主社会的要求。而另一方面作为特殊群体的公众人物由于其在社会上扮演着不同角色，因此法律保护的标准也应有所不同，而如何在新闻爆炸时代保护公众人物合理的隐私权利，已被社会广泛关注。在西方国家，新闻自由一直被赋予很高的地位，认为是现代民主社会的重要标志。但在面对上述两种权利冲突时，亦显得谨慎、小心，表现为不断通过制定法和判例法寻求平衡二者关系的途径。在我国由于新闻立法的滞后和隐私权保护的缺失，在面对新闻隐私权纠纷案件时，常常显得力不从心，不能有利权衡新闻自由与隐私权保护。因此，规范新闻自由的界线划分，明确公民隐私权，尤其是规制对公众人物隐私权的合理保护，已刻不容缓。

——摘自：胡婧《新闻自由与公众人物隐私权保护》，《广东海洋大学学报》，2008 年第 2 期（有删改）

三、问题与思考及参考答案

1. 如何理解新闻法治的内涵？

答：新闻法治就是国家依据一定的法律制度和管理体系，调整新闻传播活动中各种权利义务关系的状态与手段。法治是“人治”的相对概念，它主要包括社会具有可以被普遍遵守的法律和保证法律得以正确运用与遵守的国家权力机关和司法体系。我国的新闻法治主要保障公民的知情权、参与权、表达权、监督权的实现，其法律基础是宪法指导下建立的法律法规体系，同时通过国家权力机关对各类新闻主体权利、义务的具体调整而实现的。

2. 新闻传播主体的权利、义务主要体现在哪些方面？

答：公民、新闻媒体以及新闻工作者构成了新闻传播活动的主体。

（1）公民、新闻媒体以及新闻工作者从事新闻传播活动的权利主要体现在以下几个方面。

① 新闻工作者的采访权与公民的知情权。新闻工作者的采访权是指记者获取新闻信息的权利，记者搜集信息的过程就是行使上述权利的过程。公民的“知情权”是公众获取政府决策信息和社会公众信息的权利，受到宪法的保护。

② 新闻媒体的报道权与公民的言论出版自由。新闻媒体的报道权也叫发表权、表达权或者传播权。我国法律对新闻媒体报道权的保护和限制，体现在宪法和其他法律条款及其相关司法解释中。言论和出版自由是公民的一项基本权利，他是公民行使表达权最重要的手段和法律依据。新闻工作者除了作为公民拥有这项权利外，从社会职业角度看，这种权利体现在新闻信息传播系统中，就是新闻媒体的报道权。

③ 公民、新闻媒体的舆论监督权和政府的信息公开义务。舆论监督权是公民的一项政治权利。由于公民的这一权利常常是通过新闻媒体实现的，因此，一般意义上舆论监督权特指新闻舆论监督权。为保障舆论监督权的行使，我国还特别规定了政府的信息公开义务，以保证权力在阳光下运行。

④ 新闻作品的著作权。著作权也叫版权，是著作权人对其文学、艺术

和科学作品依法享有的专有权利，是知识产权的重要组成部分。

（2）公民、新闻媒体以及新闻工作者从事新闻传播活动的义务主要体现在以下几个方面。

① 新闻报道不得危害国家安全和国家利益。国家依法对新闻媒体和新闻工作者进行必要的限制，目的在于维护国家安全和国家利益。在新闻传播活动中，此类违法行为主要有两种情况，一是煽动危害国家安全，二是泄露国家机密、非法获取并向境外非法提供国家秘密。

② 新闻报道不得危害社会公共利益。强化法律意识，保护社会公共利益和公民合法权益，是我国新闻法治的重要内容。

③ 新闻报道不得妨害司法公正和司法秩序。新闻媒体对法院独立行使审判权的侵害，主要体现在媒体的不当报道和评论方面。对新闻媒体进行必要的限制有助于保护司法独立行使审判权，对新闻媒体进行适当的限制也是国际同行的惯例。

3. 依法行政在新闻传播领域的具体体现是什么？

答：依法规范新闻传播行为是社会主义新闻法治管理的主要内容之一，也是依法行政在新闻传播领域的具体体现。具体表现为以下几个方面。

（1）新闻管理行为以《宪法》及相关法律法规为准绳。行政管理部门对新闻事业的管理职权首先来自《宪法》。

（2）新闻管理行为以有利于新闻媒体正常发挥其功能为原则。行政管理部门不仅要依法行政，还要在具体行政过程中保障媒体的宣传与新闻报道能够正常发挥其功能，有利于新闻媒体发挥其社会动员、增强社会凝聚力，推动社会进步的作用，有利于新闻媒体发挥其振奋民族精神、促进民族文化发展和提高中华民族整体素质的作用。

（3）新闻管理行为以有效发挥调控作用为标尺。新闻媒体作为舆论工具，必然要坚持主流意识形态，对人民群众进行思想、观念的劝服与引导工作。我国新闻媒体必须坚持以马克思主义为指导，坚持和宣传社会主义核心价值体系，并用以指导和调节社会各领域的运作。

（4）新闻管理行为以有利于媒体健康发展为目标。新闻媒体应紧紧围绕党和国家的中心任务进行政治动员和舆论引导，为社会主义建设事业持续稳定发展创造良好的舆论环境。

4. 如何协调公民隐私权和公民知情权的矛盾关系?

答:涉及公共利益和新闻价值关系的协调问题,具体到落实,要划清三种界限。

(1)划清一般公民与政治人物的界限。政治人物的私人财产状况可以公开,其私生活中某些不良行为和不道德行为不能算作隐私,政府官员家庭成员中涉及公共利益的私生活也不属于隐私范围。

(2)划清普通公民与社会知名人士的界限。新闻媒体对社会知名人士的事业、生活情况的报道是对公众知情权的满足,但对其事业、社会活动和公共利益无关的个人私生活,未经许可不能随意公开。

(3)划清普通人在正常与特殊两种不同情况下的不同的隐私范围。正常情况下,普通人不与社会公共生活发生联系的,媒体要尊重其隐私权,对其违反法律或对社会生活产生不良影响的,新闻媒体公开报道不构成侵害隐私权。

5. 如何增强新闻传播中的守法意识?

答:(1)提高学法、懂法、守法意识,是中国特色社会主义法治建设的重要方面。采访是新闻工作者通过正当手段获取具有新闻价值的专业权利,是媒体与社会最直接的接触渠道,也是比较容易发生新闻侵害他人权益的环节,特别是隐性采访。

(2)新闻工作者要防止在新闻采访活动中侵害他人的合法权益,就需要学法、懂法和守法,加强守法意识,并善于依法维护自己的权利,要在法律和道德的双重规约下进行采访活动。

(3)增强新闻写作中记者的自觉守法意识。记者在写作新闻时要首先熟悉《宪法》和法律的有关规定,熟悉党和政府的政策、法规;在采访素材的使用上,要注意新闻事实的准确,防止张冠李戴;消息来源要交代清楚,这既是新闻报道的要求,也是对当事人、目击者和消息提供者的尊重,同时也表明他们对新闻来源应该承担责任。新闻报道中涉及的重要观点和意见也要和当事人“见面”,防止曲解当事人的本意。

(4)增强新闻编排工作中编辑的自觉守法意识。新闻编辑在修改作品时,要注意保护作品的完整性,避免发生歪曲、篡改作品的侵权行为。新闻报道属于揭露批评性质的，编辑要与记者一起核实事实的准确性，注意措辞、用语的分寸，防止情绪化或过激的用语。同时要向媒体的法律顾问咨询，防止发生侵权行为。

四、参考书目

1. 张文显．法理学［M］．北京：高等教育出版社，2018.

2. 顾理平．新闻法学［M］．北京：中国广播电视出版社，1999.

五、历年考研的相关真题

1. 新闻法规（复旦大学，2013）

2. 隐私权（南开大学，2010；中国青年政治学院，2009；清华大学，2007）

第十一章　新闻事业管理

一、重要概念阐释

1. 新闻事业管理

新闻事业管理指对新闻传播活动所实施的领导、调控、规范等职能行为，包括对新闻媒体、新闻从业人员及其职业行为和所制作传播的精神产品等进行的管理。它包括对内、对外管理两个方面：一是由党和政府的新闻主管部门、机构以及相关团体，依据法律法规、政策纪律、道德规范从外部对新闻事业所进行的管理；二是各新闻媒体管理层对本媒体的内部管理。

2. 党管媒体

党管媒体指党从政治、思想、组织上领导和管理新闻事业，使之始终沿着有利于巩固党的执政地位和提高党的执政能力，体现社会主义政治方向，全心全意为人民服务的轨道上运行，主要包括党管媒体领导班子的配备、党管各类媒体的舆论导向、党管新闻队伍的建设、党管新闻事业的发展等。党管媒体既是党确保执政地位的需要，也是维护全体人民利益的需要。

二、文选

中国新闻事业作为一种人类社会特有的社会现象，它的产生、发展、变化并逐渐成熟与社会的政治、经济、军事、文化、教育、科学、技术乃至宗教等几乎社会生活各个方面的重大变革密不可分。

首先，我们认为：新闻事业的产生发展与社会政治、经济、军事以及文化等因素有着割不断的甚至是非常密切的联系。读者从上述著作对中国新闻事业发展阶段的划分成果中，可以清晰地看到中国社会政治经济发展打上的浓重的烙印，并且反映了中国社会特定阶段的政治、经济、军事环境对中国新闻事业的推动和取得的历史性进展。五四运动对新民主主义新闻事业的发展、大革命运动对反帝反封建新闻媒体发展的促进、全民族的抗日救国战争对民族抗日新闻事业发展的促进等等，都具有十分明显的互动关系，从一个侧面反映了中国新闻事业发展的客观规律。上面八种著作以中国社会的政治社会进程为参照对象的中国新闻事业发展史阶段的划分，当然有其科学的意义。

其次，我们认为：新闻事业的产生发展和新闻事业产生发展的社会、政治、经济、军事、文化等因素发展不是同一个概念。新闻事业的产生发展的确要受制约于社会的发展进步，在特定的社会环境中伴随着政治、经济、军事、文化等因素同步发展，但又不是在任何时候都和社会政治经济军事的发展同步进行的，也有可能表现出新闻事业在一定的条件下遵循其内在规律向前发展的特殊现象。例如，黄瑚教授把中国新闻事业的发展历程分为“新闻事业在中国的出现与长足发展”（1815—1895）、“从民族报业的勃兴到新闻事业的全面发展”（1895—1927）、“两极新闻事业的发展及其影响”（1927—1949）和“社会主义新闻事业的建立、发展与改革”（1949—）四个阶段，就清晰地表明了中国新闻事业史的发展并不完全和中国社会政治历史进程同步发展的事实。

再则，我们认为：制约新闻事业发展内在规律的因素很多，但最主要的应当是新闻传播内容的本质性拓展、新闻传播形式的革命性更新、新闻传播媒体的新品种诞生以及新闻传播效果的跨越式发展等等。这些因素的发展当然离不开当时社会环境中的政治民主、教育发达、文化普及、科学发展以及技术进步等相关因素的支撑，但这些相关因素毕竟不能取代新闻传播事业自身，不能代替新闻传播内容的本质性拓展、新闻传播形式的革命性更新、新闻传播媒体的新品种诞生以及新闻传播效果的跨越式发展等新闻事业发展的本质性因素在中国新闻事业史中的独特地位。假如能从上述与新闻事业发展的本质性因素着眼来认识新闻事业发展的规律，并依此来探讨新闻史发展阶段的划分，或许划分出来的新闻史阶段，更能体现新闻事业的内在规律，更能符合新闻事业发展的客观实际，也才更有可能使中国新闻史阶段的研究和划分完全摆脱附属于社会政治经济军事发展历程的“窘境”，从而成为真正体现中国新闻事业史学科属性的阶段划分。”

——摘自：倪延年《中国新闻事业发展阶段新论》，《新闻与传播研究》，2010 年第 1 期

不管是哪种媒体，都是中国新闻事业的组成部分，从这个角度来看，中国新闻业从来没有像今天这么辉煌。然而，传统媒体，尤其是传统的主流媒体在互联网大潮的冲击下，不得不直面新媒体和各种传播平台的异军突起，困境不容忽视，变化蕴藏机遇。不过，究竟机遇在哪里？传统媒体如何能破局？在转型中应解决什么问题？这是需要认真思考的。从这些年的情况来看，许多媒体审时度势，抓住了发展的机遇，呈现如下几方面的特点：

（1）新闻内容传播影响力越来越大，内容传播从来没有像今天这样迅速、覆盖面广。

我们说传统媒体的困境，其实就是两点：一是自身平台传播力的困境。尽管生产了很多新闻，但许多受众是从新媒体平台上看到的，自身的平台传播力弱。二是经营的困境。因为自身平台传播力弱，广告客户不愿投放广告，这就使对广告依赖性极强的媒体陷入了经营的困境。然而，新闻内容传播影响力极强，这是客观存在的。许多传统媒体都办有“两微一端”（微信公众号、微博和新闻客户端）等传播平台，采写回来的新闻会迅速发布在这些平台上，社会上各类传媒平台、自媒体人看到有价值的新闻后也会纷纷转发传播，这就形成了官方舆论场与民间舆论场共同传播的新格局。据《2018 全国党报融合传播指数报告》统计，全国党报的网站开通率为 92.8%，微信公众号开通率为 76.4%，74% 的党报建设了自有客户端（App），68.7% 的党报开通了官方微博账号。由于传统媒体及其主办的部分新闻网站才有持证记者，因此中国的许多重大新闻是由他们最早发布的。尽管自身平台传播力弱，但各类社会平台合力传播，影响力就大了。

（2）对外形象传播有了好的平台途径。

我们在对外传播中，试图把报纸拿到海外发行，或者在海外办报，广播电视也做了很大的努力，取得一定的成效。但我们不得不承认，“中国

声音”的传播依然比较弱。互联网出现之后的多元媒介形态改变了这种对外传播的局面。比如在全世界，有200多个国家、地区的人民可以使用微信，涉及的语言有20多种。中国的重大决策、重大活动迅速传播到海外，不清楚的方面还可以通过“两微一端”进行沟通。

(3) 媒体紧贴新技术的发展，转型步伐加快。

以《人民日报》为代表的从中央到省（市）机关报的“中央厨房”纷纷布局，投入运营。各媒体的“两微一端”逐步形成强大的影响力，其中《人民日报》包括“两微一端”在内的新媒体处于遥遥领先地位，用户量持续攀升。据统计，人民日报社已拥有142个微信公众号，118个微博机构账号和31个移动客户端，到目前其新媒体用户量总计已超过3亿。上海报业集团旗下的新媒体“澎湃新闻”“界面”，南方报业传媒集团的“南方+”及新媒体新秀“南方网红”等，都形成了强大的影响力。

(4) 人工智能技术的发展催生出“AI+新闻”，随着智媒时代的来临，各媒体正在着力打造智慧型媒体集团。

2017年12月26日，新华社宣布，由新华智云科技有限公司研发的人工智能平台“媒体大脑”落地。“媒体大脑”具有新闻分发、智能会话等八大功能。几乎同一时刻，南方报业传媒集团为建设智慧型文化传媒集团进行了总动员。中央权威媒体与有影响力的省委机关报的这种转型默契以及其他媒体的一系列智媒行动，彰显媒体将从众媒时代进入智媒时代。

媒体转型是一个系统工程，既要继续抓好传统媒体的改革创新，坚守好这一阵地，又要在新媒体领域有所作为，还要在转型中找到商业模式，实现经营业务的新突破，任务十分艰巨。而且媒介形态和各类传播平台并非静态，总是处在不断变化的动态中。所以，媒体的转型发展，必须兼顾到方方面面，并且要有前瞻性的战略思维，与时俱进地跟上时代的步伐。

因此，实施这一系统工程，必须在新闻内容和经营模式两方面的创新以及平台构建、技术驱动、渠道开拓等方面实现“一体化”。如果主流媒体既实现了强大的新闻传播力，又找到了商业模式，中国新闻业做强做大的目标也就实现了。

——摘自：范以锦、刘芳儒《传媒生态、媒体业态、媒介形态：中国传媒业改革四十年》，《新闻记者》，2018年第10期当前的社会舆情相当活跃并十分复杂，通过网络，任何一个社会问题都有可能成为社会舆论热点，舆论所产生的影响已经远远超出了事件本身。互联网时代的舆论热点事件中，首先进行传播的往往都是自媒体，尤其活跃的是微信和微博，然后才是部分传统媒体的跟进，自媒体已经成为舆论和舆情的主要集散地，传统的党管媒体的思路和方式显然已经不能满足社会发展的需要。

党管媒体的思路包括三个问题：党管什么？党管谁？党如何管？

（一）管决策、管方向、管宏观、管导向

我国的媒体大体可以分为三类，第一类是党办媒体，第二类是国有市场化媒体，第三类是非公有资本的媒体。党对党办媒体具有绝对的管控权利。舆情事件发生后，党办媒体通过自身的公信力、权威性、影响力发布信息，积极引导舆论。党办媒体在舆情事件中发布的信息必须依据党性原则，党的意志力是凌驾于党办媒体之上的。

对于第二类和第三类媒体党是无权直接管理的，但是这两类媒体依然需要依照党性原则从事相关活动，党可以通过政府相关主管部门进行依法管理。在舆情事件中，党管媒体并不是直接管、具体管所有的媒体，而是政府、公众和媒体都根据党性原则办事，切实为人民着想，直接推动社会的发展和时代的进步。

（二）党管媒体的管理对象

党管媒体是一个历史性概念，这也就意味着，这一概念的外延和内涵都在不断地伴随时代发展而做出调整。在宏观层面不断丰富党管媒体的精神原则时，中观层面也应当基于现实的媒介环境和科学的理论体系，对党管媒体的具体适用范围进行调整。

当下党管媒体的这种调整，主要集中于两个方面：

1. 跳出体制类媒体，面向一切媒体

传统理念上，将党管媒体中“媒体”的适用对象默认为“党办媒体”，即各级党委机关所属的党报党刊以及国家的事业媒体单位。这种划归方法，是早期将媒体作为阶级斗争工具的一种理念延续。在这种语境下，党管媒体的目标是为了宣传党的方针政策，开展阶级斗争，媒体是党宣传系统内的一种武器。因而，党管媒体这一理念针对的主要是“体制内”媒

体，体制外的市场化媒体就不包含在这一概念的范畴内。

但从党管媒体的基本定位——“党领导新闻舆论工作的根本原则”的角度来看，要实现对新闻工作的规范约束和对舆论的正确导向，就必须对涉及相应领域的媒体机构进行管理。体制内的主流媒体，是完成这一工作的核心，但这并不代表这项工作的全部对象就只有体制内媒体；市场化媒体的崛起和不断发展，尤其是互联网时代下，市场经济对媒体社会责任的影响，都使得这些“体制外”媒体，开始产生种种负面影响。前文的舆情案例分析也可以看出，反转新闻的层出不穷，就与市场化媒体缺乏新闻伦理、社会责任意识有关，因此，要实现舆论导向的目标，真正为人民大众服务，就必须对市场化媒体等进行管理。

中国共产党十七届六中全会通过的《决定》在有关“加强和改进新闻舆论工作”部分有这样表述：“以党报党刊、通讯社、电台电视台为主，整合都市类媒体、网络媒体等宣传资源，构建统筹协调、责任明确、功能互补、覆盖广泛、富有效率的舆论引导格局。”可以看到，党在自己的中央文件中，也论述了党管媒体在适用对象上的变化。

党管媒体的对象扩展到市场化媒体，这不仅仅是舆论工作的现实需求，更是法治化建设的应有之义。党管媒体的法治化建设工作，本身就是依法治国理念下的必经之路，前文也论述过，法治化工作集中表现为媒介法的发展。从整个法律的适用范围来看，一切符合媒介法主体适用对象的媒体机构，都应接受媒介法的约束管理，无论体制内外。媒介法归根溯源，又是党管媒体精神在具体执行过程中的依据，因此，媒介法所管理的对象主体，同样适用于党管媒体这一宏观原则。

2. 拥抱互联网，管理新“媒体”

新媒体使信息传播权力得以分散，出现了“人人皆媒”的格局。因此，媒体这一词汇的适用对象，也需要有新的变化。在大众传媒的时代里，党管媒体主要是书籍、报纸、广播这三种传统媒介。但是，随着媒介本身的发展，媒体的类型也在不断丰富，规模大小、职能范畴、开设门槛等各种元素的变化，都在改变着“媒体”本身的内容内涵。因此，在党管媒体的中观层面上，也应当有相应的调整，依据科学的理论，丰富媒体的面向类型。

首先，要破除单向度的“传统媒体”和“新媒体”的二元划分体系，以混合型媒体来审视各类媒体机构。传统媒体和新媒体概念的提出，是在互联网刚刚介入传媒行业时，主要针对媒介类型的新旧进行的划分，尤其是在门户网站和移动新媒体刚刚兴起的时候。但伴随媒介融合命题的提出，传统媒体机构也在不断转型变迁，其媒介形态除去传统的报纸、广电，也拥有了新兴的互联网媒介渠道，而这些媒介工具共同组成的媒体机构，兼具传统媒体的权威影响力和新兴媒体的技术先进性，在这种情况下，继续以媒介的新旧来审视媒体的管理对象，是不切实际的。

其次，不再把媒体的“机构”属性作为前提标准。社交网络提供的传播渠道，使得从前机构媒体垄断的信息生产传播工作的门槛被大大降低，在此情况下，机构类媒体被分割的权力开始被个人继承，自媒体也相应出现。后者同样在舆论场里扮演着不容忽视的角色，在信息服务的角度上拥有者不输于机构类媒体的能力，更有甚者，某些自媒体会在经历一定发展后，升级为机构类媒体。因此，党管媒体中的“媒体”，应当扩展为提供信息服务的机构和个人。

最后，延续自媒体角度的论述，信息生产权力的下移，使得媒体本身的职能被扩散到个人和其他组织身上，同时，信息生产传播的形式也在随着主体的丰富而发生变化。具体表现为，在当下，新闻报道不再是一个“媒体”的必然要素，凡是提供信息服务的个人和组织，都应该是媒体的一部分，至少在受众的角度上，这种主体是可以被作为信息获取工具的。一个游戏社区、一款社交软件，都在媒体的范畴之内，都应该担负媒体的义务和职责。就党管媒体的范围来说，能够进行新闻报道、符合严格的主题限定的“新闻媒体”自然是重要管理对象，但与此同时，广义上具有信息生产传播能力的“媒体”，也应当被纳入管辖的范畴。

媒体这一语义的丰富发展，决定了党管媒体在下一阶段微观的执行上，能否应对不同的现实情况。伴随媒介环境的发展，传播学领域内对媒体和传播的认知在不断变化，党管媒体的理论模型也应当是具有开放性和适应性的，对媒体这一核心概念的认知，更要与时俱进。

需要注意的是，党管媒体的对象扩展，并不代表着对于被扩展的对象，也要将传统的管理方法进行迁移。这种适用性范围的扩大，仅仅是在管理对象的数量和类型上进行操作，是中观角度在理解适用宏观层面的原则精神时，针对现实情况做出的调整。而在具体的管理办法上，还要依据不同媒体的类型特征，提出差异化的管理办法，这也是党管媒体这一理论模型适应性的一种表现。

（三）推进传媒法律体系建设

当前，党管媒体原则在实践中发挥了重大的作用，但是存在主观随意性、管理界限不清、管理手段缺失和模糊的问题，这些问题的出现，迫切需要法律建设的跟进。党的十八届四中全会做出了推进全面依法治国的重大战略部署，建立健全传媒法律体系不仅是党管媒体的必然要求，更是全面依法治国的应有之义。

随着多年的社会主义法制建设，与传媒相关的法律、法规、条例等已经逐步建立，初步构建了具有中国特色的社会主义传媒法律体系。《广播电视管理条例》《出版管理条例》《电影产业促进法》《网络安全法》等法律和条例的通过和颁布，已经在法律实践中有效推动传媒事业发展和良性竞争，但是这个体系并不完善，一些重要的领域仍然缺乏基本法律。由于这些年法律建设的空前发展，制定和完善各种法律的时机非常恰当。应抓住机遇，为构建完善的传媒法律体系而努力。同时，制定、完善各部门的行政法规、实现媒体行业自律制度的构建、普及法律意识，也是构建传媒法律体系的重要组成部分。

（四）严格依法依程序办事

长期以来，党管媒体都是停留在政策层面，各级部门开展工作缺乏更加明确和行之有效的依据。伴随党管媒体法治化工作的开展，秉承依法治国的精神理念，党管媒体的实际工作要逐渐转向以法律规范为主，依法依程序办事。

当前，传媒法的基本体系正在不断完善，行政管理的体系化程度也在不断加深，但要想真正实现“法治化”，还需要在具体执行和实践的过程中，真正学会依法行政、依法办事。

严格履行法律条文，增强法律意识，提升法律的权威性，对各级管理部门和行政人员的操作进行规范化，平衡好党作为精神指引和法作为具体依据的关系。

同时，在具体实践过程中，不断修改和完善法律法规的细节，扩展其适用范围，增强适应性，明确好政府、媒体、网民、商业网站等不同主体的责任，为法律的权威性和法治化建设工作提供保障。

（五）尊重传播规律，科学决策

新的媒介环境下，传播工具的易得性和传播行为的低门槛，使得大型事件中谣言的产生和传播更加普遍。雷洋等多起舆情事件已经表现出了这种特点，在权威媒体失语的状态下，流言的传播会异常迅速，甚至会对后期辟谣工作都产生很大的负面影响。因此，党管的主流媒体，一定要在各类事件中做到迅速及时的发声，第一时间利用好媒体的优势进行信息发布，对舆论进行引导，避免放任自流。

同时，要改变话语结构，避免官样文章和形式主义，根据不同的传播渠道和受众特性，进行差异化的信息发布，尊重不同媒介的传播规律。如利用纸媒进行长篇大段的报道，而在社交网络上进行碎片化的信息跟进，并利用新媒体工具进行背景信息的补充核实。避免传统的单向度传播造成的自我封闭，积极互动，依据反馈不断调整自己的传播策略和内容类型。

最后，要用事实说话，不能畏惧负面舆情，开诚布公才是打击流言的最好办法，不能延续大众传播时代简单粗暴的思维，要直面问题，正面回应。

（六）加强对非主流媒体的引导

主流媒体的权威性是信息网络中不可缺少的一环，但当下的信息环境中，主流媒体之外的意见领袖和自媒体，成了信息网络中另一极节点，他们对于信息的传播和舆论的引导同样有着不容小觑的作用。在一定情况下，受众对于个人品牌的信任和依附，甚至会大过专业机构。长期以来机构对信息的垄断，在很多场合下也会引发受众的负面反馈和抵触心理。因此，就有必要在主流媒体的阵地之外，发掘一批思想积极向上、擅用社交媒体的个人品牌。

这种个人品牌的来源，可以是现有的大V，通过教育和联系，使其在各类事件中同主流媒体积极配合，丰富信息的视角维度，但同时保证其基本导向的正确性。开展各类活动和座谈会，从这类主体身上学习吸取经验，反过来改革重塑主流媒体在新媒介环境下的姿态。

除此以外，还要深入其他新媒体平台，如知乎、分答为代表的知识分享平台，A 站、B 站等二次元聚集区，通过网络社群切入，把握不同领域的传播节点进行更具针对性的引导宣传。主流媒体无法很好涉足的领域，可以通过与现有媒体或个人品牌的合作进行管理。拒绝家长制思维，在基本思想正确性的前提下，维护不同圈层社区自有的风格和喜好，减少手把手指导，弱化干预干涉的痕迹。

对于有影响力的自媒体，更要善加利用。后者相比大 V 这类个人品牌，其输出内容品质更高，且持续性较好、粉丝黏性强、媒介素养较高，如咪蒙、Papi 酱，都是极具影响力的自媒体品牌。对于这类主体，在按照基本规范进行约束的同时，要主动联络，配合主流媒体进行内容的输出引导，做好隐性宣传的工作，同时借助这些信息节点，获取受众信息，了解受众喜好需求，建立一个容纳了各类媒体主体的宣传矩阵。

（七）拥抱新技术，擅用新工具

技术对媒介环境的影响，使得党管媒体面对的情况更加复杂，但从另一个角度来看，新兴媒介技术的出现，也可以在党管媒体的原则指导下服务于舆论引导、媒介管理的工作。

一方面，技术对内容形式形态的改变，改变了受众的信息消费习惯和体验，借用新兴媒介技术和平台，可以输出形式更加丰富生动的内容。比如当下火爆的网络直播，在“网红经济”之外，很多媒体机构也开始借用这种技术形式进行新的内容产品的制作。这种形态一方面为广大年轻受众群体所接纳；另一方面，其强交互性和即时性比起传统的媒介载体也有着巨大优势。除此以外，VR、无人机、机器人等新兴技术，也都可以按照这样的思路加以借鉴和使用。

同时，技术也在为党管媒体等工作的开展提供更加便利的环境和条件。比如大数据的技术，就可以额外成为党和政府管理媒体、衡量宣传效果的重要依据。大量的数据资源可以成为决策的依据，党和政府可以依据数据反馈描绘受众画像，对舆情发展进行更加科学的解析，同时感知舆论情绪，把握信息节点，在具体治理过程中有的放矢，提升工作效率。

——摘自：段鹏《新媒体环境下党管媒体问题探析》，《现代传播（中国传媒大学学报）》，2017 年第 5 期（有删改）

三、问题与思考及参考答案

1. 对我国新闻事业加强管理，是使之得以健康发展的重要保证，加强对我国新闻事业管理的意义体现在哪些方面？

答：第一，加强新闻事业管理是贯彻落实党和国家路线方针政策的有力保障。

第二，加强新闻事业管理是为社会主义现代化建设营造良好舆论环境的需要，一方面，国内新闻事业赖以生存的经济基础、体制环境和社会条件正在发生变化，加强新闻事业管理，积极引导社会热点难点，切实维护改革发展稳定大局，不断提供更多更好的新闻信息产品，满足人民群众日益增长的精神文化需求等任务十分艰巨；另一方面，我国在国际社会中的地位和影响力明显提高，发展道路和发展模式得到越来越多国家的认同，但西方敌对势力对我国西化、分化的图谋和舆论渗透没有改变，为了更好地维护国家文化安全，有效组织我国新闻媒体参与国际舆论斗争，应进一步强化新闻事业管理。

第三，加强新闻事业管理有利于保护媒体之间的有序竞争，以正常有序的公平竞争促进新闻媒体努力提高新闻时效和新闻质量，改进为受众的服务工作，避免利用不正当手段的恶性竞争，阻碍新闻事业的正常发展。

第四，加强新闻事业管理有利于保障和维护新闻工作者的合法权益及职业准则。

2. 我国的新闻事业管理必须遵循哪些基本原则？

答：第一，坚持党管媒体。坚持党从政治、思想、组织上领导和管理新闻事业，使之始终沿着有利于巩固党的执政地位和提高党的执政能力，体现社会主义政治方向，全心全意为人民服务的轨道上运行，包括党管媒体领导班子的配备、党管各类媒体的舆论导向、党管新闻队伍的建设、党管新闻事业的发展等。党管媒体既是党确保执政地位的需要，也是维护全体人民利益的需要。

第二，坚持谁主管谁负责和属地管理。主管主办单位和各地有关新闻管理部门，对本地区本部门本单位的新闻媒体负有领导管理责任、把关责任和及时发现问题处理问题的责任。

第三，坚持依法管理。依法管理新闻媒体和新闻工作，是确保社会主义新闻事业不断进步的根本保障，这就要求我国各级新闻媒体管理机构要严格依法行政和依法办事，新闻媒体要严格遵循法律法规要求从事新闻工作。

第四，坚持把社会效益放在首位，在保证社会效益第一的前提下，努力实现社会效益和经济效益的统一。

第五，坚持群众参与管理。社会主义新闻事业是人民的事业，必须保证人民依法通过各种途径参与对各项事业进行管理的权利。

3. 社会主义新闻事业管理工作是一个系统工程，包含宏观管理和微观管理两个基本层面，请具体谈谈其包含的基本内容。

答：（1）新闻事业的宏观管理主要指党和政府对新闻事业和新闻活动的领导与管理，具体包括以下内容。

① 舆论导向的管理。

② 媒体领导班子和新闻队伍管理。对新闻媒体领导干部和从业人员的选择、教育和管理既决定着新闻媒体的发展方向和业绩水平，也决定着整个行业的发展方向和业绩水平。

③ 媒体布局和规模结构管理。这主要通过国家规划、总体调控、政策引导、财政投入、税收调节等手段实施。

④ 法制建设和监督执法管理。

⑤ 产业政策制定与产业政策调整管理。

⑥ 文化市场体系建设与新闻资源配置管理。

⑦ 与新闻事业密切相关领域的管理，如新闻教育事业、新闻学术研究、新闻社团组织、新闻媒体评估等相关领域的管理。

（2）新闻事业微观管理即新闻媒体的内部管理，主要包括新闻业务管理、媒体经营管理和人力资源管理等方面的内容。

① 新闻业务管理，包括报纸媒体的采、写、编、评、摄、刊及广播电视媒体的采制、编辑和播出等。

② 媒体经营管理，包括报纸发行管理、广播电视节目推广管理、通讯社的稿件营销管理、媒体广告的经营管理等。

③ 人力资源管理，媒体管理层要致力于通过科学管理，优化人力资源

配置，调动各类人员的积极性和创造性。

4. 媒介全球化已成大势，结合实际，谈谈你对我国媒介发展走向全球化的认识和理解。

答：当今世界正处于经济全球化的时代，国与国之间的交流和协作变得更加密切，以互联网为代表的信息技术正给新闻媒体带来一场革命，媒介全球化特征愈发凸显。媒介全球化是对“媒介经营活动应当是全球性而非局限于本地范围内”的认识及其活动过程，具体表现为媒介生产、销售和传播的全球化，以及媒介管理、法规和影响的全球化。

媒介全球化对媒介竞争力提出了新的挑战，带来了一系列的变革，这些变化主要体现在：媒介经营的跨国性、媒介管理的开放性、时间管理的快捷性、经营地点的全球性以及媒介竞争的凶猛，这些对于我国传媒产业都提出了新的挑战和要求。

我国媒介走向全球化的现状：随着我国实行对外开放，积极参与全球化进程，我国经济的国际化程度大大提高。国内政府职能的转变已初见成效，“事业单位，企业管理”让媒介的造血功能增强，在市场经济中经受住了更多的考验和锻炼。在这种全球化的大背景下，我国媒介也加入了全球化进程，其现状主要表现在以下几个方面。

（1）规模巨大的受众市场。我国拥有世界上最多的受众市场，数以亿计的报刊读者、广播听众、电视观众以及网民，同时，我国人均个人收入也正处在快速增长阶段，能够为媒介经营提供必要的物质条件。

（2）低廉巨量的智力资源。随着教育的普及，我国不仅有多层次的丰富的人才资源供给，而且劳动力成本不高，这可以大大提高中国媒介进军国际市场的竞争力。

（3）层次分明的媒介体系。1984—1992 年，我国广播电视事业深化改革时期，形成了一套独树一帜的从中央到省、地（市）、县（市）的四级媒介构成体系，四级媒介纵横交错，既明确分工、相互竞争，又各司其职、相互配合。1993 年后的大发展时期，则取消四级制，开始制播分离和集团化发展的探索，媒介分工日益完善，媒介资源整合度不断提升。

（4）潜力无限的广告市场。我国拥有的企业之多在世界上也是首屈一指，虽然大型企业不多，但中小企业前景广阔、潜力巨大，由此带来的广告市场也具有无限的发展潜力。

（5）较为先进的媒介硬件。除非是内地不发达地区的媒介，我国东部地区大多数媒介的基础设施、机器设备、媒介现代化程度都比较先进，有的媒介已经接近西方发达国家媒介硬件的先进程度。

我国媒介在国际竞争中也面临一定的问题，主要包括以下方面。

（1）经济实力不强。在世界媒介 200 强和电视 100 强的名单中，我国勉强挤进去的唯一媒介就是中央电视台，其经济实力与前 10 名媒介相比，更有着天壤之别。

（2）媒介成分单纯。西方媒介大多是混合媒介，即在一个媒介集团内，既有报纸、杂志、书籍等印刷媒介，也有广播、电视、网络等电子媒介，有许多资源可以共享。而我国在 2003 年才开始实行跨媒体、跨行业、跨区域经营，一批“三跨”媒体应运而生。从总体上看，“三跨”经营在我国目前还不成气候，还需要在体制上、机制上采取相应的配套措施才能逐步推行。

（3）经营结构单一。在我国新闻媒介的全部收入中，广告收入占 70%，有的相当一部分新闻媒介的广告收入甚至达到经营收入的 90% 以上；而美国的许多媒介集团的广告、发行或节目收入往往只占其全部经营收入的1/3左右，约有 2/3 是多元经营收入。

（4）资金分配失衡。我国新闻媒介中，更新媒介技术设备的资金支出仅占其全部收入的 18%，用于媒介内容的也只占 12%，用于经营活动（广告或发行）的只占 10%。新闻媒介最重要的资源在资金的分配和投入上明显偏少，与国外媒体的反差巨大。

（5）媒介体制存在缺陷。虽然我国媒介已经采取市场化运作，大多数媒介的经济效益在逐年增加，但是由于媒介体制改革始终局限于修修补补，即使在经济特区也没有率先进行试点或实行特殊政策，所以媒介体制一直无法与国际接轨。

（6）政府职能存在问题。政府职能部门的一些人思想、观念仍停留在计划经济时代，规范媒介市场的法律法规仍不健全，区域分割使全国统一的媒介市场难以形成，对媒介管理直接干预过多。这种态势与国际上的全球媒介公司的增多和媒介经营的全球化现象，以及由此导致的权力集中化、经营多元化和彻底商业化的走向，是极其不同的。

从性质上看，经济全球化是一场以发达国家为主导，以跨国公司的生产和经营为主要动力的世界范围的产业结构调整，并直接服务于发达国家的全球战略和跨国公司的全球利益。因此，对于发展中国家来说，媒介全球化短时间内更多地表现为一种现实与挑战，而不是潮流与机遇。在较长一段时间内，我国迎接媒介全球化挑战的对策或举措主要有以下四点。

（1）参与媒介全球化进程，争取媒介全球化权益。我国应积极参与媒介产业的全球化进程，从而在开放中增强实力，在参与中争取权益。我国应参与并融入媒介全球化的进程，以发展中国家的身份参与媒介公平竞争和参与游戏规则的讨论与制定，维护媒介市场的秩序和国家的整体利益，减少西方国家对我国随意的单边歧视性限制，促进媒介产业的健康发展，分享媒介全球化的收益。

（2）制定和实施人才战略，培养和造就媒介人才。我国媒介与发达国家媒介的差距，归根到底是人才质量上的差距。没有大批高质量的优秀人才，我国媒介就无法在新一轮国际竞争中赢得主动。当前，必须根据媒介全球化的需要，立即着手制定和实施人才战略，培养和造就国家急需的紧缺型媒介人才。新时期，党和国家领导人也对党的新闻舆论工作和媒体融合发展极为重视，习近平提出传媒业迫切需要能够沉下心、俯下身写出深度报道的新闻人才，迫切需要具有移动互联网思维方式、懂数字开发、懂产品设计、懂用户体验、懂互动交互的具备“互联网基因”的人才，迫切需要能够熟练运用内容创意、产品创意、视觉创意、技术创意的“复合创意人才”，更为媒介人才的培养指明了更为具体的方向。

（3）循序渐进，步步为营。确立和争取媒介在全球中的地位和权益，既是一个需要审慎对待的战略问题，也是一个长期的磨合过程。因此，我国媒介必须采取循序渐进、步步为营的发展战略，既能够沉住气，顾大局，更能够沿着具体的路径规划稳扎稳打，推动媒介事业的稳步长足发展。

（4）调整产业结构，实施多元经营。综观视野范围内，实力雄厚的全球媒介多是实施多元化战略的综合媒介，因此我国媒介可以采取收购、兼并、合作和政府协调等多种形式，进行大规模的低成本扩张和产业结构调整，推进跨地区、跨行业、跨媒介组建各种形式的媒介集团，加快国内媒介全国化的步伐。此外，还可以积极引进国外先进的管理经验和传播手段，允许国内媒介上市筹措资金，购进股份或兼并一些经营不佳的海外媒介等。

5. 传播制度诞生于特定的社会制度之中，不同国家的新闻业有着不同的制度属性，体现了全部社会结构和社会关系的复杂性，谈谈你对这一观点的理解。

答：（1）传播制度是社会制度中对大众活动直接或间接地起着制约和控制作用的部分。传播制度是现代社会结构的重要组成部分，反映着现代社会的诸种社会关系，传播制度以特有的方式体现着全部社会结构和社会的复杂性。

（2）传播制度作为社会制度的反映，其内容是十分复杂的，它体现了社会制度或制度性因素在各个方面对传播媒介活动的制约和影响。传播制度中既包括媒介与政府的关系问题，也包括媒介与社会群体以及广大受众的关系问题；既包括言论出版的自由与权利问题，也包括言论出版者所应承担的责任和义务问题，还包括竞争与秩序、生产与消费、经济效益与社会效益等各种复杂的矛盾和问题。

因此，可以说传播制度对社会整个结构和所有关系的复杂性都有所体现。

四、参考书目

1. 李良荣. 新闻学概论（第四版）[M]. 上海：复旦大学出版社，2011.

2. 丁淦林. 中国新闻事业史（修订版）[M]. 北京：高等教育出版社，2007.

五、历年考研的相关真题

1. 简论我国媒介走向全球化的现状、问题与对策。（华南农业大学，2010）

2. 传播制度体现了全部社会结构和社会关系的复杂性，请对此观点进行辨析。（武汉大学新闻与传播专业综合能力，专硕，2015）

第十二章　新闻队伍建设

一、重要概念阐释

1. 新闻职业道德

新闻职业道德是新闻从业人员在长期的新闻实践中逐渐积累形成的，具有深刻的新闻职业内涵的要求、秩序和理想，它内化在新闻从业者的品格、习性和意向之中，通过自律的方式约束新闻从业人员的执业行为，处理新闻工作涉及的各种社会关系。内容上，新闻职业道德与新闻法规、新闻纪律有交叉重叠之处，但新闻职业道德规范只有在新闻工作者真心诚意接受，并转化为个人的情感、意志和信念时，才有可能发挥作用。

2. “48 字”方针

2016 年 2 月 19 日，习近平在北京主持召开党的新闻舆论工作座谈会并发表重要讲话，指出在新的时代条件下，党的新闻舆论工作的职责和使命是：高举旗帜、引领导向，围绕中心、服务大局，团结人民、鼓舞士气，成风化人、凝心聚力，澄清谬误、明辨是非，联接中外、沟通世界。这 48 个字，体现了党中央对新闻舆论工作的基本定位和明确要求，为新闻舆论战线不负重托、履职尽责指明了努力方向，这 48 个字是党性与人民性的高度统一，正面宣传与舆论监督的高度统一，传统媒体与新媒体融合发展的高度统一，对内凝心聚力与对外沟通世界的高度统一，是党的新闻宣传理论的内核，是对马克思主义新闻观的丰富与发展，是对新闻舆论工作的科学定位和明确要求。

二、文选

做好党的新闻舆论工作，事关旗帜和道路，事关贯彻落实党的理论和路线方针政策，事关顺利推进党和国家各项事业，事关全党全国各族人民凝聚力和向心力，事关党和国家前途命运。必须从党的工作全局出发把握党的新闻舆论工作，做到思想上高度重视、工作上精准有力。

在新的时代条件下，党的新闻舆论工作的职责和使命是：高举旗帜、引领导向，围绕中心、服务大局，团结人民、鼓舞士气，成风化人、凝心聚力，澄清谬误、明辨是非，联接中外、沟通世界。要承担起这个职责和使命，必须把政治方向摆在第一位，牢牢坚持党性原则，牢牢坚持马克思主义新闻观，牢牢坚持正确舆论导向，牢牢坚持正面宣传为主。

党的新闻舆论工作坚持党性原则，最根本的是坚持党对新闻舆论工作的领导。党和政府主办的媒体是党和政府的宣传阵地，必须姓党。党的新闻舆论媒体的所有工作，都要体现党的意志、反映党的主张，维护党中央权威、维护党的团结，做到爱党、护党、为党；都要增强看齐意识，在思想上政治上行动上同党中央保持高度一致；都要坚持党性和人民性相统一，把党的理论和路线方针政策变成人民群众的自觉行动，及时把人民群众创造的经验和面临的实际情况反映出来，丰富人民精神世界，增强人民精神力量。新闻观是新闻舆论工作的灵魂。要深入开展马克思主义新闻观教育，引导广大新闻舆论工作者做党的政策主张的传播者、时代风云的记录者、社会进步的推动者、公平正义的守望者。

新闻舆论工作各个方面、各个环节都要坚持正确舆论导向。各级党报党刊、电台电视台要讲导向，都市类报刊、新媒体也要讲导向；新闻报道要讲导向，副刊、专题节目、广告宣传也要讲导向；时政新闻要讲导向，娱乐类、社会类新闻也要讲导向；国内新闻报道要讲导向，国际新闻报道也要讲导向。

团结稳定鼓劲、正面宣传为主，是党的新闻舆论工作必须遵循的基本方针。做好正面宣传，要增强吸引力和感染力。真实性是新闻的生命，要根据事实来描述事实，既准确报道个别事实，又从宏观上把握和反映事件或事物的全貌。舆论监督和正面宣传是统一的。新闻媒体要直面工作中存在的问题，直面社会丑恶现象，激浊扬清、针砭时弊，同时发表批评性报道要事实准确、分析客观。

随着形势发展，党的新闻舆论工作必须创新理念、内容、体裁、形式、方法、手段、业态、体制、机制，增强针对性和实效性。要适应分众化、差异化传播趋势，加快构建舆论引导新格局。要推动融合发展，主动借助新媒体传播优势。要抓住时机、把握节奏、讲究策略，从时度效着力，体现时度效要求。要加强国际传播能力建设，增强国际话语权，集中讲好中国故事，同时优化战略布局，着力打造具有较强国际影响的外宣旗舰媒体。

媒体竞争关键是人才竞争，媒体优势核心是人才优势。要加快培养造就一支政治坚定、业务精湛、作风优良、党和人民放心的新闻舆论工作队伍。新闻舆论工作者要增强政治家办报意识，在围绕中心、服务大局中找准坐标定位，牢记社会责任，不断解决好"为了谁、依靠谁、我是谁"这个根本问题。要提高业务能力，勤学习、多锻炼，努力成为全媒型、专家型人才。要转作风改文风，俯下身、沉下心，察实情、说实话、动真情，努力推出有思想、有温度、有品质的作品。要严格要求自己，加强道德修养，保持一身正气。要深化新闻单位干部人事制度改革，对新闻舆论工作者在政治上充分信任、工作上大胆使用、生活上真诚关心、待遇上及时保障。

加强和改善党对新闻舆论工作的领导，是新闻舆论工作顺利健康发展的根本保证。各级党委要自觉承担起政治责任和领导责任。领导干部要增强同媒体打交道的能力，善于运用媒体宣讲政策主张、了解社情民意、发现矛盾问题、引导社会情绪、动员人民群众、推动实际工作。

——摘编自：《坚持正确方向创新方法手段，提高新闻舆论传播力引导力》，《人民日报》，2016 年 2 月 20 日

人才是第一资源。古往今来，人才都是富国之本、兴邦大计。我说过，要把我们的事业发展好，就要聚天下英才而用之。要干一番大事业，就要有这种眼界、这种魄力、这种气度。"得人者兴，失人者崩。"网络空间的竞争，归根结底是人才竞争。建设网络强国，没有一支优秀的人才队

伍，没有人才创造力迸发、活力涌流，是难以成功的。念好了人才经，才能事半功倍。对我国来说，改革开放初期，资本比较稀缺，所以我们出台了很多鼓励引进资本的政策，比如“两免三减半”。现在，资本已经不那么稀缺了，但人才特别是高端人才依然稀缺。我们的脑子要转过弯来，既要重视资本，更要重视人才，引进人才力度要进一步加大，人才体制机制改革步子要进一步迈开。网信领域可以先行先试，抓紧调研，制定吸引人才、培养人才、留住人才的办法。

互联网是技术密集型产业，也是技术更新最快的领域之一。我国网信事业发展，必须充分调动企业家、专家学者、科技人员积极性、主动性、创造性。我早年在正定县工作时，为了向全国一流专家学者借智，专门聘请华罗庚等专家学者给我们县当顾问，有的亲自到正定指导工作。企业家、专家学者、科技人员要有国家担当、社会责任，为促进国家网信事业发展多贡献自己的智慧和力量。各级党委和政府要从心底里尊重知识、尊重人才，为人才发挥聪明才智创造良好条件，营造宽松环境，提供广阔平台。

互联网主要是年轻人的事业，要不拘一格降人才。要解放思想，慧眼识才，爱才惜才。培养网信人才，要下大功夫、下大本钱，请优秀的老师，编优秀的教材，招优秀的学生，建一流的网络空间安全学院。互联网领域的人才，不少是怪才、奇才，他们往往不走一般套路，有很多奇思妙想。对待特殊人才要有特殊政策，不要求全责备，不要论资排辈，不要都用一把尺子衡量。

要采取特殊政策，建立适应网信特点的人事制度、薪酬制度，把优秀人才凝聚到技术部门、研究部门、管理部门中来。要建立适应网信特点的人才评价机制，以实际能力为衡量标准，不唯学历，不唯论文，不唯资历，突出专业性、创新性、实用性。要建立灵活的人才激励机制，让作出贡献的人才有成就感、获得感。要探索网信领域科研成果、知识产权归属、利益分配机制，在人才入股、技术入股以及税收方面制定专门政策。在人才流动上要打破体制界限，让人才能够在政府、企业、智库间实现有序顺畅流动。国外那种“旋转门”制度的优点，我们也可以借鉴。

我国是科技人才资源最多的国家之一，但也是人才流失比较严重的国家，其中不乏顶尖人才。在人才选拔上要有全球视野，下大气力引进高端人才。随着我国综合国力不断增强，有很多国家的人才也希望来我国发展。我们要顺势而为，改革人才引进各项配套制度，构建具有全球竞争力的人才制度体系。不管是哪个国家、哪个地区的，只要是优秀人才，都可以为我所用。这项工作，有些企业、科研院所已经做了，我到一些企业、科研院所去，也同这些从国外引进的人才进行过交谈。这方面要加大力度，不断提高我们在全球配置人才资源能力。

——摘自：习近平《在网络安全和信息化工作座谈会上的讲话》，2016 年 4 月 19 日

在第十七个中国记者节到来之际，中华全国新闻工作者协会第九届理事会第一次会议暨中国新闻奖、长江韬奋奖颁奖会 7 日在京举行。中共中央总书记、国家主席、中央军委主席习近平亲切会见理事会全体代表和获奖者代表，并发表重要讲话。他强调，做好党的新闻舆论工作，营造良好舆论环境，是治国理政、定国安邦的大事。党中央高度重视新闻舆论工作，对做好党的新闻舆论工作提出了明确要求，大家要抓好落实，把中央主要媒体和各级媒体越办越好，为党和人民做出更大贡献，做党和人民信赖的新闻工作者。

习近平指出，党的新闻舆论工作是党的工作的重要组成部分。在革命建设改革各个历史时期，新闻舆论战线与党和人民同呼吸、与时代共进步，积极宣传党的主张、深入反映群众呼声、主动开展决策调研，发挥了十分重要的作用。

习近平强调，党的十八大以来，新闻舆论战线认真贯彻党中央的决策部署和工作要求，突出宣传党的十八大和十八届三中、四中、五中、六中全会精神，全面反映推进“五位一体”总体布局和“四个全面”战略布局的进展成效，深入宣传广大干部群众团结奋斗的精神风貌，唱响了主旋律，传播了正能量，有力激发了全党全国各族人民团结奋斗的信心和力量。广大新闻工作者牢记职责、奋发有为，用智慧、汗水乃至生命为党的新闻舆论工作做出了重大贡献。实践证明，我们的新闻工作队伍是一支可靠的、高素质的、能打硬仗的队伍，同志们工作很辛苦、很有成效，党和

人民感谢你们。

习近平对广大新闻记者提出四点希望。一是要坚持正确政治方向，同党中央保持高度一致，坚持马克思主义新闻观，坚守党和人民立场，坚持中国特色社会主义，做政治坚定的新闻工作者。二是要坚持正确舆论导向，深入宣传党的理论和路线方针政策，深入宣传全国各族人民为实现“两个一百年”奋斗目标、实现中华民族伟大复兴中国梦进行的奋斗和取得的成就，弘扬主旋律，释放正能量，做引领时代的新闻工作者。三是要坚持正确新闻志向，提高业务水平，勇于改进创新，不断自我提高、自我完善，做业务精湛的新闻工作者。四是要坚持正确工作取向，以人民为中心，心系人民、讴歌人民，发扬职业精神，恪守职业道德，勤奋工作、甘于奉献，做作风优良的新闻工作者。一句话，就是要做党和人民信赖的新闻工作者。

——摘自：《做党和人民信赖的新闻工作者》，《人民日报》，2016年11月8日（有删改）

三、问题与思考及参考答案

1. 为什么要不断加强新闻队伍建设？队伍建设应当遵循什么原则？

答：（1）新闻事业的发展关键在人才，只有建设一支政治强、业务精、纪律严、作风硬的强大的新闻队伍，不断提高新闻队伍的整体素质，才能适应21世纪新闻事业的发展要求。我国社会主义新闻媒体担负着引导社会、影响舆论、弘扬正气、凝聚人心的重要使命，承担着提供优质精神产品服务的重要职责，必然要求新闻工作者具备较高的思想政治素质、职业道德素质、业务素质和良好的工作作风。同时，新闻队伍中也存在着一些思想政治素质和业务能力不能够适应新时期国内外形势和新闻工作的新形势、新变化的情况，这就对新闻队伍建设提出了新的更高要求。

（2）新闻队伍建设主要包括三个层面：一是新闻事业管理人员队伍建设，主要包括新闻管理部门的领导者和新闻媒体的负责人、管理人员，这是新闻队伍建设的重点；二是新闻事业从业人员队伍建设，包括具体从事新闻工作的编辑、记者等从业人员，这是新闻队伍建设的基础；三是新闻事业后备人员队伍建设，主要是高校新闻院系的大学生，这是未来新闻从业人员的主要来源。

（3）新闻队伍建设必须坚持德才兼备、以德为先的原则。

“德”是人才素质的灵魂，新闻工作者的“德”包括具有坚定的理想信念和政治立场、崇高的历史使命感和强烈的社会责任感，全面掌握马克思主义的立场观点方法，自觉坚持中国特色社会主义理论体系，熟悉党的路线方针政策，践行中国特色社会主义核心价值体系，遵守公民基本道德规范，具有良好的职业道德和朴实的工作作风，遵守国家法律，严守政治纪律和组织纪律等。

“才”是人才素质的基础，新闻工作者的“才”主要指业务上的要求，包括系统掌握新闻专业基本理论，熟练掌握新闻工作的基本技能和工作所必需的各方面知识，具有分析、解决问题的能力和创新能力，深入实际、深入群众，通过熟练运用各种新闻手段，圆满地完成新闻报道任务等。

从事新闻工作，“德”“才”二者皆不可或缺，要将政治要求和业务要求统一起来，努力成为德才兼备的新闻工作者。

2. 新闻工作者应当从哪些方面提升自己专业工作的能力?

答：新闻工作是一项应用型很强的职业，要求新闻工作者具备和不断提升多方面的专业能力，主要包括以下几方面。

第一，调查研究能力。“没有调查就没有发言权”，深入实际、调查研究是新闻工作者认识客观实际的起点，也是完成一切报道任务的基础，贴近生活、贴近实际、贴近群众，深入一线和事件发生的最前沿，多跑多问多记多思考，才能全面的了解情况，创作出优秀的新闻作品。

第二，社会活动能力。

第三，敏锐的新闻嗅觉和应变能力。

第四，分析问题和解决问题的能力。

第五，准确、鲜明、生动的文字表达能力。

第六，创新意识和创新能力。要在内容、形式和手段上不断增强创新意识，提高创新能力，为人民群众奉献最具吸引力和亲和力的精神产品。

第七，使用现代化传播技术的能力。新闻工作者要充分利用电脑和互联网等现代化传播手段，为做好新闻报道提供强有力的技术支撑。

3. 习近平总书记曾在讲话中指出“媒体竞争的关键是人才竞争，媒体优势核心是人才优势”，并指出“要加快培养造就一支政治坚定、业务精湛、作风优良、党和人民放心的新闻舆论工作队伍”，请谈谈你对新闻舆论工作队伍建设这四个方面的理解和认识。

答：第一，政治坚定是新闻舆论工作者的根本方向。正确政治方向是党的新闻舆论工作的灯塔。面对社会发展过程中的各种矛盾，坚持正确舆论导向，是新闻舆论工作者的根本原则和责任所在。我们在思想上、政治上、行动上要始终同以习近平同志为核心的党中央保持高度一致，坚决贯彻党的意志和主张，严守政治纪律和政治规矩，在大是大非面前保持清醒，在关键时刻积极为党分忧，勇于发声亮剑，旗帜鲜明地同各种错误思潮做斗争。把坚持正确导向放在新闻舆论工作的首位，更加自觉主动地为人民服务、为社会主义服务、为党和国家工作大局服务。

第二，业务精湛是新闻舆论工作者的立身之本。没有金刚钻，揽不了瓷器活，如果理论素养不高、知识储备不够、新闻业务不精，就难以胜任本职岗位、难以创作精品力作、难以成为名家大家。尤其在媒体融合发展的新形势下，新闻工作的平台和载体、新闻业务的范围和内涵等，都发生了深刻变化，必须“十八般武艺”样样精通，锻造过硬的业务本领，把学习作为一种精神追求和生活方式，有“望尽天涯路”那种志存高远的追求，耐得住“昨夜西风凋碧树”的清冷，舍得付出，百折不挠，即使“衣带渐宽”也“终不悔”，“人憔悴”也心甘情愿，把自己历练成为本职工作的行家里手，成为名记者、名编辑、名评论员、名主持人。

第三，作风优良是新闻舆论工作者的成事之基。作风过硬是新闻工作者的优良传统，也是做好新闻舆论工作的重要前提。基层是新闻生命的源泉、记者成才的沃土。范长江深入中国大西北，真切感知人民困苦，写出的新闻名著《中国的西北角》，今天读来依然力透纸背。穆青奔波在兰考大地，长着“八路军的腿，老百姓的嘴”，写出的《县委书记的榜样——焦裕禄》感动几代人。只有真正沉下心来、扑下身子，把双脚踩在大地上，深耕生活沃土，提炼生活真味，才能使写出的稿件和制作的节目更有底气、更有生活温度，让读者喜欢。我们应坚持“三贴近”，继续“走转改”，以“三严三实”为遵循，保持旺盛战斗力，大胆创新，善于运用“互联网+”等现代化手段，传播正能量、唱响主旋律。

第四，党和人民放心是新闻舆论工作者的目标要求。坚持和践行党性和人民性一致的原则，就是要坚持党媒姓党，以人民为中心的工作导向，真正把体现党的主张和反映人民心声统一起来，做到让党放心、让人民满意。以爱党护党为党为宗旨，以利党利国利民为标准，反映人民心声、鼓舞人民前进，为人民抒写、为人民抒情、为人民抒怀。同时，加强新闻职业道德建设，积极践行社会主义核心价值观，经受住各种诱惑的考验，自觉接受社会监督，坚决反对虚假新闻、有偿新闻和低俗新闻，维护新闻舆论工作的权威性、公正性、公信力，以高尚的道德情操、良好的职业素养、扎实的工作业绩，赢得人民的信任和社会的尊敬。

4. 谈谈你对西方新闻职业道德规范及其实践的认识与评价。

答：西方新闻职业道德规范，是在西方道德伦理思想的指导下，通过对西方新闻实践的总结，概括出来的有关新闻从业人员履行新闻职守的新闻准则。从理论角度来说，西方新闻职业道德规范主要是围绕“自由”“责任”，也就是“权利”“义务”这两大主题制定的，从新闻实践角度看，西方职业道德规范是在报纸的商品化倾向日趋严重、黄色新闻泛滥、竞争和垄断日益加剧的背景下产生的。西方新闻职业道德规范主要包括：新闻自由、社会责任、真实准确、客观公正、廉洁诚实、遵守法制、作风正派、保护消息来源、更正与答辩。

西方职业道德规范是西方多年新闻实践的理论和经验总结，它是人类共同的精神财富的一部分，其优秀、合理的成分我们应当学习、借鉴，其糟粕、虚伪的成分也应当予以剔除和批判。西方新闻职业道德规范的特点主要体现在以下几方面。

（1）西方新闻职业道德规范是资产阶级新闻职业道德规范，是资本主义市场经济逐步走向成熟阶段后，资本主义的商业道德在新闻职业中的具体表现。20 世纪初，由于报纸的商品化趋势越来越明显，为争夺读者市场，报业之间展开了激烈的竞争。为迎合部分读者的低级趣味，一些报纸甚至出现了大量描写色情、暴力的新闻，捏造假消息欺骗读者和受众，这不仅引起了大多数读者的不满，也妨碍了社会的安定。一些新闻界人士提出了新闻传播的社会责任问题，并提出应制定新闻职业道德规范，以抑制黄色新闻的泛滥，避免不正当的竞争手段给新闻业的发展带来伤害。

（2）资产阶级的新闻职业道德规范是资产阶级的价值观和“人权”理论等在新闻领域的反映。资产阶级在夺取政权后，将“自由”“平等”“博爱”等载入了国家宪法，并以资产阶级的启蒙运动提出的“天赋人权”理论作为依据，为资产阶级的个人自由、私有财产的神圣不可侵犯等提供理论依据。政治上实行民主选举、三权分立，并把舆论监督作为制约立法、行政、司法的第四种权力看待，资产阶级的这些意识形态特征反映在新闻伦理道德方面，具体就表现为“民主”“独立”“自由”“超阶级”“无党派”等概念表述的新闻职业道德准则。

（3）资产阶级新闻事业本质上的牟利性与新闻职业道德存在着深刻的矛盾，反映在资产阶级新闻职业道德规范的条文上，表现为概念含糊、抽象、自相矛盾、不易操作。例如《美国报纸主编协会新闻准则》中提出“报纸不得侵犯私人权利或感情，除非确有把握这样做是为了公众的权利，而不是为了满足公众的好奇心”，这一规定不仅本身前后矛盾，在实践中资本主义社会的媒介为争夺受众市场，满足部分人的低级趣味，常常靠揭私来制造轰动效应，以牟取更多利益，如果非常明确地禁止侵犯隐私，这无疑会断了资本主义国家大部分新闻传媒的财路，相关规范也不能真正发挥实效。

5. 习近平在党的新闻舆论工作座谈会上提出，党的新闻媒体的所有工作都要坚持党性与人民性相统一，又指出要尊重新闻传播规律、创新传播手段，提高新闻舆论工作的四个“力”。请谈谈你的理解。

答：2016 年 2 月 19 日，习近平在党的新闻舆论工作座谈会上强调，党的新闻舆论工作是党的一项重要工作，是治国理政、定国安邦的大事，要适应国内外形势发展，从党的工作全局出发把握定位，坚持党的领导，坚持正确政治方向，坚持以人民为中心的工作导向，尊重新闻传播规律，创新方法手段，切实提高党的新闻舆论传播力、引导力、影响力、公信力。

（1）坚持党对一切工作的领导，即习近平新时代中国特色社会主义思想的“十四条基本方略”第一条，落实到新闻舆论工作中，就是要坚持党性原则。习近平总书记在2016年“2·19”讲话中指出，坚持党性原则最根本的是坚持党对新闻舆论工作的领导。他还强调“加强和改善党对新闻舆论工作的领导，是新闻舆论工作顺利健康发展的根本保证”，“要坚持党管媒体的原则，严格落实政治家办报要求，确保新闻宣传工作的领导权始终掌握在对党忠诚可靠的人手中”，加强和改进党对新闻舆论工作的领导，是新闻舆论工作最宝贵的传统和经验，也是新时代的重大课题和迫切需要。

坚持以人民为中心，落实到新闻舆论工作中，即要坚持人民性。习近平总书记在2013年“8·19”讲话中强调，坚持人民性，就是要把实现好、维护好、发展好最广大人民根本利益作为出发点和落脚点，坚持以民为本、以人为本，树立以人民为中心的工作导向。

坚持全面深化改革，落实到新闻舆论工作中，即要坚持改进创新，提高新闻舆论工作能力和水平。习近平总书记多次就改进新闻舆论工作发表讲话，提出必须创新理念、内容、体裁、形式、方法、手段、业态、体制、机制，加快构建舆论引导新格局，推动融合发展等。

（2）提高新闻舆论工作的“四个着力点”的前两点，是基于以互联网为代表的信息传播技术演进，特别是近年来移动互联网和移动终端的快速运用所出现的传播现实，以“两微一端”为代表的新媒体的广泛普及加剧了受众市场的分化，导致“两个舆论场”在一定程度上分离。为此，因应时代变化，主动借助新媒体传播优势，为我所用，加快推进传统媒体与新兴媒体的融合发展，加快构建舆论引导新格局。“四个着力点”的第三点是关于新闻舆论的传播技巧：要抓住时机、把握节奏、讲究策略，从时度效着力，体现时度效要求。一方面要求对时机、节奏和策略的理性把握，另一方面要体现时度效的内在要求，遵循新闻舆论的传播规律。

第四个“着力点”是关于国际传播的任务要求：要加强国际传播能力建设，增强国际话语权，集中讲好中国故事，同时优化战略布局，着力打造具有较强国际影响的外宣旗舰媒体。这和新闻舆论工作“48字”职责使命中的“联接中外，沟通世界”相呼应。

（3）牢牢把握新闻舆论工作中的党性和人民性基础，坚持党管媒体的原则，掌握意识形态工作的领导权，构建全党动手的大宣传格局，增强领导干部同媒体打交道的能力，切实加强和改善党对新闻舆论工作的领导，是做好一切舆论宣传工作的基本要求和根本保证。在此基础上，一面要遵循新闻传播规律，一面要不断创新内容、创新理念、创新方法手段、创新体制机制，不断提高能力和水平，对于在新形势下改进创新党的新闻舆论工作具有重要意义。这二者相辅相成，不可偏废，一则是源，一则是流，既扎实基础、坚守底线，又真正增强新闻舆论工作的传播力，提高新闻舆论工作的引导力，扩大新闻舆论工作的影响力，扎实新闻舆论工作的公信力，使新时期的新闻舆论工作真正担当起党的历史使命、肩负起新的发展使命、承担好舆论主体责任，在中国改革开放的新征程上、在新时期的舆论宣传工作上写下新的精彩篇章。

（参考文献：何国平，《增强新闻舆论工作针对性实效性须从四个方面着力》，《南方日报》，2016 年 5 月 9 日。陈寅、刘军锋，《遵循新时代要求，提高新闻舆论“四力”》，“人民网”，2018 年 9 月 12 日）

四、参考书目

1. 新华通讯社课题组．习近平新闻舆论思想要论［M］．北京：新华出版社，2017.

2. 陈力丹．马克思主义新闻观教程（第二版）［M］．北京：中国人民大学出版社，2015.

3. 中共中央宣传部．习近平总书记系列重要讲话读本（2016 年版）［M］．北京：学习出版社、人民出版社，2016.

五、历年考研的相关真题

1. 联系实际，谈谈你对西方新闻职业道德规范及其实践的认识与评价。（中国传媒大学，2009）

2. 习近平在党的新闻舆论工作座谈会上提出党性、人民性和政治方向的基础，又指出要尊重新闻传播规律、创新传播手段，提高新闻舆论工作的四个“力”，请谈谈对这两者关系的理解。（上海大学，2017）

后　记

课程教学是实现人才培养目标的基本途径，课程教学质量是直接影响人才培养质量的核心要素。新闻学概论课程为新闻专业基础课程，主要介绍新闻学的基本知识、基本概念、基本观点，指导学生在专门学习新闻理论、新闻史以及新闻业务之前对整个新闻学的轮廓有一个大致的了解，为学生进一步探索新闻理论、研究新闻史、从事新闻业务工作打下基础。为了提高新闻学概论课程的教学质量，我们组织力量编写了本书。

本书所涉课程内容以高等教育出版社、人民出版社出版的马克思主义理论研究和建设工程重点教材《新闻学概论》（2009 年 9 月第 1 版，2019 年 6 月第 30 次印刷）为主要依据，全书除绪论外，另分 12 章，每章包含“重要概念阐释”“文选”“问题与思考及参考答案”“参考书目”“历年考研的相关真题”等板块。

本书是阜阳师范大学文学院新闻传播研究所、新媒体研究中心集体合作的成果，由阜阳师范大学文学院新闻传播系主任高群教授策划、组织编写并审改书稿，具体分工如下：绪论、第一章、第二章、第三章由段宗明撰写，第四章、第五章由郝韶梦撰写，第六章、第七章、第八章由庄睿撰写，第九章、第十章由沈阳泰撰写，第十一章、第十二章由吴丹撰写。

本书为新闻学课程学习与考研辅导的参考书，也可供新闻传播类教学工作者和爱好者参考使用。

编　者

2019 年 8 月 20 日

图书在版编目(CIP)数据

新闻学概论课程导学/高群主编.—合肥:合肥工业大学出版社,2019.9
ISBN 978-7-5650-4648-3

Ⅰ.①新… Ⅱ.①高… Ⅲ.①新闻学—高等学校—教学参考资料
Ⅳ.①G210

中国版本图书馆CIP数据核字(2019)第198786号

新闻学概论课程导学

高 群 主编 责任编辑 朱移山

出 版	合肥工业大学出版社	版 次	2019年9月第1版
地 址	合肥市屯溪路193号	印 次	2019年12月第1次印刷
邮 编	230009	开 本	710毫米×1010毫米 1/16
电 话	人文编辑部:0551-62903310	印 张	11.5
	市场营销部:0551-62903198	字 数	188千字
网 址	www.hfutpress.com.cn	印 刷	安徽昶颉包装印务有限责任公司
E-mail	hfutpress@163.com	发 行	全国新华书店

ISBN 978-7-5650-4648-3 定价:45.00元